经费支持：
国家重点研发计划：冬残奥越野滑雪、冬季两项与轮椅冰壶项目运动员身体机能特征、专项体能及心理训练的关键技术研究
北京市教委科研专项项目：
冬残奥越野滑雪、冬季两项与轮椅冰壶项目运动员专项体能研究

轮椅冰壶项目身体运动功能训练理论与方法

Lunyi Binghu Xiangmu Shenti Yundong Gongneng Xunlian Lilun Yu Fangfa

主编：周龙峰　尹军

中央民族大学出版社
China Minzu University Press

图书在版编目（CIP）数据

轮椅冰壶项目身体运动功能训练理论与方法 / 周龙峰，尹军主编 .—北京：中央民族大学出版社，2022.4

ISBN 978-7-5660-2081-9

Ⅰ . ①轮… Ⅱ . ①周… ②尹… Ⅲ . ①四肢—残疾人—掷冰壶—运动训练 Ⅳ . ① G862.62

中国版本图书馆 CIP 数据核字（2022）第 055956 号

轮椅冰壶项目身体运动功能训练理论与方法

主　　编　周龙峰　尹　军

策划编辑　赵秀琴

责任编辑　于秋颖

封面设计　舒刚卫

出版发行　中央民族大学出版社

北京市海淀区中关村南大街 27 号　　邮编：100081

电话：（010）68472815（发行部）　　传真：（010）68933757（发行部）

（010）68932218（总编室）　　（010）68932447（办公室）

经 销 者　全国各地新华书店

印 刷 厂　北京鑫宇图源印刷科技有限公司

开　　本　787 × 1092　1/16　印张：12.5

字　　数　160 千字

版　　次　2022 年 4 月第 1 版　2022 年 4 月第 1 次印刷

书　　号　ISBN 978-7-5660-2081-9

定　　价　58.00 元

《轮椅冰壶项目身体运动功能训练理论与方法》编审委员会

主　编：

周龙峰　尹　军

副主编：

陈亚中　宸　铮　岳清爽　潘迎旭　孙永生　王骏昇

编　委：（按照姓氏笔画排名）

王　森　王成斌　冯晓艺　向　勇　刘　岩

李建锐　陈　昊　陈　琛　茹　霞

目　　录

第一章　轮椅冰壶项目概述

第一节　轮椅冰壶项目历史回顾

一、冰壶项目历史回顾

（一）冰壶项目

冰壶，又称冰上溜石，是以队为单位在冰上进行的一种投掷性竞赛项目。冰壶运动起源于14世纪的苏格兰，在最初时，冰壶是作为一种游戏让市民在冬季冰封的河道上投掷娱乐。渐渐地，这种毛糙、不平滑、远看形似人的蓬松头发的石块被人们命名为“CURLING”。18世纪冰壶运动跟随着英国移民风潮传入北美州。1795年，第一个冰壶俱乐部在苏格兰创立，1838年苏格兰冰壶俱乐部为这项运动制定了第一个正式的比赛规则。19世纪上半叶，冰壶运动迅速在加拿大兴起。经过加拿大众多冰壶爱好者的推广，冰壶运动的规则、打法更加完善。冰壶运动也由室外移入室内，形成了今天冰壶场馆的雏形。

国际冰壶联合会（International Curling Federation，ICF）于1966年在苏格兰成立，发起国有苏格兰、加拿大、美国、瑞典、挪威和瑞士。国际冰壶联合会的成立促进了冰壶运动在世界各国的发展。1991年国际冰壶联合会改名为世界冰壶联合会（World Curling Federation，WCF）。在1998年第18届日本长野冬奥会上，冰壶被列为冬奥会正式比赛项目并延续至今。

（二）冰壶运动精神

冰壶项目是技战术与竞技精神完美结合的一项体育运动。虽然冰壶比赛是通过运动员在比赛中的技战术发挥来判定胜负，但冰壶精神要求运动员道德高尚、亲切友善、行为可敬。这一精神不仅影响着冰壶规则的解释和应用，还影响冰场内外所有参与者的行为。

冰壶运动员为胜利而赛，但决不贬低对手。真正的冰壶运动员从不试图转移对手的注意力，也不阻碍比赛对手发挥最佳水平，宁可输掉比赛也决不会不公平地获胜。冰壶运动员决不故意地违反比赛规则，也不会违背任何比赛传统。若运动员意识到无意中做了这些事，会及时报告自己的违规行为。

二、轮椅冰壶运动的发展

世界轮椅冰壶运动于20世纪90年代起源于苏格兰，2002年传入北美洲，并在此找到了肥沃的土壤，进而出现了广泛传播的良好态势。世界冰壶联合会是轮椅冰壶运动最高领导组织，总部设在苏格兰伯斯郡。它管理着全世界23个国家的53个冰壶组织，在冰壶项目的推广上起着重要作用。世界冰壶联合会长期遵循的宗旨是在联合会的带动下，使冰壶成为一项大众运动，并吸引更多人体验参与冰壶的乐趣。

轮椅冰壶的顶尖赛事是四年一届的冬季残疾人奥运会（冬残奥会）和几乎每年举办一届的世界轮椅冰壶锦标赛（世锦赛）。轮椅冰壶赛事频繁，促进了轮椅冰壶运动的迅速发展。2002年，第一届世界轮椅冰壶锦标赛在瑞士苏尔西举行。决赛中，瑞士队以大比分 7∶6 击败加拿大队夺得冠军。赛场上，残疾人运动员以轮椅为支撑，借助投壶杖进行投壶。此次比赛吸引了众多冰壶爱好者，这一新兴运动逐渐被观众所熟知。轮椅冰壶成为正式冬奥会比赛项目始于 2006 年都灵冬残奥会。决赛中加拿大队 7 ：4 击败英国队，摘取首枚冬残奥会轮椅冰壶金牌。历届世锦赛、奥运会轮椅冰壶比赛概况见表 1–1、1–2。

表 1–1　历届世锦赛轮椅冰壶项目概况表

比赛时间	比赛名称	举办地点	金牌得主
2002	第一届世界轮椅冰壶锦标赛	瑞士 – 苏尔西	瑞士（SUI）
2004	第二届世界轮椅冰壶锦标赛	瑞士 – 苏尔西	苏格兰（SCOT）
2005	第三届世界轮椅冰壶锦标赛	苏格兰 – 格拉斯哥	苏格兰（SCOT）
2007	第四届世界轮椅冰壶锦标赛	瑞典 – 索莱夫特奥	挪威（NOR）
2008	第五届世界轮椅冰壶锦标赛	瑞士 – 苏尔西	挪威（NOR）
2009	第六届世界轮椅冰壶锦标赛	加拿大 – 温哥华	加拿大（CAN）
2011	第七届世界轮椅冰壶锦标赛	捷克 – 布拉格	加拿大（CAN）
2012	第八届世界轮椅冰壶锦标赛	韩国 – 春川	俄罗斯（RUS）
2013	第九届世界轮椅冰壶锦标赛	俄罗斯 – 索契	加拿大（CAN）
2015	第十届世界轮椅冰壶锦标赛	芬兰 – 卡亚洛赫亚	俄罗斯（RUS）
2016	第十一届世界轮椅冰壶锦标赛	瑞士 – 卢塞恩	俄罗斯（RUS）
2017	第十二届世界轮椅冰壶锦标赛	韩国 – 平昌	挪威（NOR）
2019	第十三届世界轮椅冰壶锦标赛	苏格兰 – 斯特林	中国（CHN）
2020	第十四届世界轮椅冰壶锦标赛	瑞士 – 韦齐孔	俄罗斯（RUS）

表 1–2 历届冬残奥会轮椅冰壶项目概况表

比赛时间	比赛名称	举办地点	金牌得主
2006	第九届都灵冬残奥会轮椅冰壶比赛	意大利–都灵	加拿大（CAN）
2010	第十届温哥华冬残奥会轮椅冰壶比赛	加拿大–温哥华	加拿大（CAN）
2014	第十一届索契冬残奥会轮椅冰壶比赛	俄罗斯–索契	加拿大（CAN）
2018	第十二届平昌冬残奥会轮椅冰壶比赛	韩国–平昌	中国（CHN）

从上表可以看出，在轮椅冰壶世界重大比赛中，加拿大、俄罗斯、挪威具有明显优势，取得了较好的成绩。尤其是加拿大队，获得了3次冬残奥会冠军及3次世锦赛冠军。中国队在近年来的重大比赛中也取得了较好的成绩，分别获得了2018年冬残奥会冠军及2019年世锦赛冠军。

冬残奥会上轮椅冰壶项目参赛队伍为12支，参赛资格包括11个积分体系资格和1个主办方资格。在冬残奥会资格积分系统中排名前11名的队伍会获得参赛名额，积分截止于上一年举办的世界轮椅冰壶锦标赛后。如果有两只球队或更多的队伍在最后的资格赛中并列，那么在上一年的世锦赛中获得最高名次的队伍将被授予最后的参赛资格，如果一个国家对分配的名额没有使用将会自动分配给残奥会资格积分榜中下一个排名较高的队伍，主办国自动获取1个参赛资格。以2018年平昌冬残奥会轮椅冰壶项目为例，参赛队伍包括中国、俄罗斯、挪威、加拿大、瑞典、英国、瑞士、斯洛伐克、芬兰、德国、美国、韩国12支队伍，韩国以主办方资格参赛，其他队伍以积分资格参赛，见表1–3。

表 1-3　2018 年平昌冬残奥会轮椅冰壶参赛队伍表

比赛名称	参赛队伍	
2018年第十二届平昌冬季残疾人奥运会	1.俄罗斯（RUS）	2.挪威（NOR）
	3.中国（CHN）	4.加拿大（CAN）
	5.韩国（KOR）	6.瑞典（SWE）
	7.英国（GBR）	8.瑞士（SUI）
	9.斯洛伐克（SVK）	10.芬兰（FIN）
	11.德国（GER）	12.美国（USA）

世界轮椅冰壶锦标赛最初发展时参赛队伍数量不固定，直到2007年第四届索莱夫特奥轮椅冰壶世锦赛才确定参赛队伍数量为10支，并延续至2017年第十二届平昌轮椅冰壶世锦赛。从2019年第十三届斯特林轮椅冰壶世锦赛开始，参赛队伍修改为12支，参赛资格为积分体系资格。世界轮椅冰壶锦标赛参赛资格设立资格赛和复赛，参加资格赛的队伍最终进行积分排名，最终积分排前12名的队伍将获得世界轮椅锦标赛的参赛资格。资格赛积分相同的队伍进行复赛，通过复赛的队伍将会参加世界轮椅锦标赛正赛。以2020年世界轮椅冰壶锦标赛为例，参赛队伍分别为俄罗斯、加拿大、瑞典、中国、挪威、韩国、拉脱维亚、斯洛伐克、苏格兰、爱沙尼亚、瑞士和捷克共和国，见表1-4。

表 1-4　2020 年世锦赛轮椅冰壶参赛队伍表

比赛名称	参赛队伍	
2020年第十四届韦齐孔世界轮椅冰壶锦标赛	1.俄罗斯（RUS）	2.加拿大（CAN）

续表

比赛名称	参赛队伍	
2020年第十四届韦齐孔世界轮椅冰壶锦标赛	3.瑞典（SWE）	4.中国（CHN）
	5.挪威（NOR）	6.韩国（KOR）
	7.拉脱维亚（LAT）	8.斯洛伐克（SVK）
	9.苏格兰（SCOT）	10.爱沙尼亚（EST）
	11.瑞士（SUI）	12.捷克共和国（CZE）

第二节　我国轮椅冰壶项目发展

2006年意大利都灵冬残奥会后，黑龙江省冬季运动管理中心接到上级指示开始组建中国轮椅冰壶队，轮椅冰壶项目逐渐在中国推广开来。2007年，中国轮椅冰壶队成立。2008年11月，中国轮椅冰壶队前往苏格兰参加轮椅冰壶预选赛，在自身经验不足、场地训练条件受限、规则和打法不熟悉的情况下，最终获得第九名的成绩。该项赛事揭开了中国轮椅冰壶队参加国际大赛的序幕。

2008年至2011年期间，中国轮椅冰壶队在积极进行训练备赛的同时广泛开展对外交流和多方学习，邀请国内外知名专家客座指导训练，使队伍的整体水平有了较大的提高。各级部门在轮椅冰壶装备上也给予了大力支持，包括企业捐助和训练经费的投入，采购了一部分轮椅、冰壶投壶杆、辅助冰壶器材等。在训练场地的安排上也与四人制冰壶队员进行错峰训练，满足了轮椅冰壶队员的训练时间和场地要求。中国残疾人体育运动管理中心体育部也开展了全国轮椅冰壶队的轮训工作，每年集中进行两个月的封闭训练，各支队伍在一起互相交流学习，更有执教水平丰富的教练员进行指导，运动员的竞技能力在集训的整个过程中取得了良好的发展。并且随着时间的推移和科学化的训练，国家轮椅冰壶队对竞赛规则与技术的掌握越来越透彻，开始逐渐在国际大赛上崭露头角。在2011年第七届世界轮椅冰壶锦标赛中，第二次出国比赛的中国轮椅冰壶队获得了第五名的好成绩。

随着对轮椅冰壶技战术体系的理解逐渐透彻，在教练员科学执教、运动员艰苦训练及协会的精细管理下，中国轮椅冰壶队开始逐渐在国际舞台上大放异彩。2013年第九届世界轮椅冰壶锦标赛中，中国轮椅冰壶队获得铜牌；2014年第十一届索契冬残奥会轮椅冰壶比赛中，中国轮椅冰壶队获得第四名；2015年第十届世界轮椅冰壶锦标赛中，中国轮椅冰壶队获得银牌；2018年第十二届平昌冬残奥会轮椅冰壶比赛中，在主教练岳清爽，助理教练李建锐、茹霞的带领下，由王蒙、刘微、陈建新、王海涛组成的中国轮椅冰壶队在决赛中击败挪威，获得了中国轮椅冰壶队奥运历史上的首枚金牌。这枚金牌也是中国奥运代表队在冬残奥会历史上的第一枚金牌，实现了中国冬残奥军团在冬残奥历史上零的突破。随后在2019年十三届苏格兰世界轮椅冰壶锦标赛中中国轮椅冰壶队再次获得金牌，使得中国轮椅冰壶队成绩达到了建队以来的第一个高峰。中国轮椅冰壶队历次世界大赛成绩见表1–5。

表 1–5 2008—2020 年中国轮椅冰壶队国际比赛成绩表

比赛时间	比赛名称	比赛名次
2008	第五届轮椅冰壶预选赛	第九名
2009	第六届轮椅冰壶世锦赛	第八名
2011	第七届轮椅冰壶世锦赛	第五名
2012	第八届轮椅冰壶世锦赛	第三名
2013	第九届轮椅冰壶世锦赛	第三名
2014	第十一届索契冬残奥会轮椅冰壶比赛	第四名
2015	第十届轮椅冰壶世锦赛	第二名
2017	第十二届轮椅冰壶世锦赛	第四名
2018	第十二届平昌冬残奥会轮椅冰壶比赛	第一名
2019	第十三届轮椅冰壶世锦赛	第一名
2020	第十四届轮椅冰壶世锦赛	第四名

中国轮椅冰壶在国家大赛上崭露头角，极大地激发了国内残疾人参与这项运动的热情，轮椅冰壶项目在中国迅速传播，在各地逐步生根发芽。全国各地积极组建轮椅冰壶队，至今各省市已成立轮椅冰壶代表队 11 支，其中省 8 个、自治区 1 个、直辖市 2 个；运动员训练体系更加完善，竞技水平稳步提高；各代表队的整体竞技水平较为均衡，国外比赛成绩也在不断提高。国家轮椅冰壶队用了十余年的时间从懵懂到跟进再到竞技水平飞速提升，其砥砺前行的决心，坚定不移的信念，是值得国人学习的精神与道德典范。

第三节　轮椅冰壶项目竞赛规则

一、轮椅冰壶场地、器材规则

（一）场地

轮椅冰壶的比赛场地同健全人冰壶比赛场地一样。从背板的内侧边缘开始，长度为45.720米（150英尺）。从边线的内边沿开始，板材的宽度最大为4.750米（15英尺7英寸）。这个区域使用画线或者界上分隔物来划分。如果场地区域不能满足标准场地需求，则轮椅冰壶比赛长度可减至最少44.501米（146英尺），宽度可减至最少4.420米（14英尺6英寸），具体场地数据如下：

T线，最大宽度13毫米（1/2英寸），其中心点距赛道中心点17.375米（57英尺）。

底线，最大宽度13毫米（1/2英寸），其外沿距T线中心点1.829米（6英尺）。

前掷线，宽102毫米（4英寸），其内沿距T线中心点6.401米（21英尺）。

中线，最大宽度13毫米（1/2英寸），交于T线中点，并沿T线正中向外延伸3.658米（12英尺）。

起踏线，长457毫米（1英尺5英寸），最大宽度13毫米（1/2英寸），与T线平行，位于中线的两端。

限制线，长152毫米（6英寸），最大宽度13毫米（1/2英寸），与前掷线平行并距前掷线外沿1.219米（4英尺），在赛道两端。

轮椅冰壶项目中，赛道两端有两条细线，与中线平行且在中线的两侧。这两条线从前掷线到最近圆的最外侧。每条线的外沿到中线距离457毫米（18英寸）。

大本营中心（圆心）位于T线与中线的交叉点。以此为中心，赛道两端各有一个由四个同心圆组成的大本营，最大的圆外沿距圆心的半径为1.829米（6英尺），第二个半径为1.219米（4英尺），第三个半径为610毫米（2英尺），最里面的半径最小值为152毫米（6英寸）。在冰壶场地前后两端各有一条蓝色的实线称为“前卫线”和“后卫线”。冰壶掷出后，如果未进前卫线或越过后卫线都视作无效，未过线冰壶将被清出场外。

（二）比赛用壶

比赛用壶由冰壶底座和手柄组成，底座凹陷8毫米，其机理是为了更好地与冰面进行接触、打出弧线球和旋转球。在冰壶侧面进行特殊涂层处理，确保冰壶在击打和撞击的过程中不发生破碎或开裂。

每只冰壶都有自身独一无二的原始编号。现今冰壶比赛主要使用壶为凯斯冰壶（KAYS），凯斯冰壶是世界冰壶联合会唯一指定比赛用壶。凯斯冰壶在制作过程中用料考究，从采石到花岗岩的精心选择，再到输送到工厂加工成型，最后到打磨测试环节，中间需要许多步骤。凯斯冰壶造型完美，壶体采用不含杂质的艾尔莎–克雷格海岛绿花岗岩制成，具有行走路线准确、简单耐用、不易损毁的特点，从1998年日本长野冬奥会开始使用至今，并成为国际壶联唯一指定比赛用壶。

冰壶为圆壶形的，周长不超过914毫米（36英寸），高度不低于114毫米（4.5英寸），包括壶柄和壶栓的重量不超过19.96千克（44磅），不低于17.25千克（38磅），每队使用一组相同颜色壶柄并有明显不同标识的8个冰壶。如果冰壶损坏不适合比赛，可以使用替代壶。如果没有替代壶，可使用本局已投掷过的冰壶。如果冰壶在比赛中损坏，参赛队应秉承冰壶精神，共同决定这个（或这些）冰壶所在的位置。如果双方未能就位置达成一致，该局重赛。如果冰壶在运动中翻倒，或侧立在冰面上，应立即将该壶拿掉。在投壶过程中，如果壶柄完全脱离壶体，投壶运动员可以选择保持现状或在所有被触动的冰壶放回犯规发生前的位置后重投。冰壶在投出后未完全超过比赛端前掷线内沿即静止，应立即将该壶拿掉，但当该壶撞击到有效冰壶后发生此类情况除外。冰壶完全越过比赛端底线外沿时，立即将该壶拿掉。冰壶触及分隔板或赛道边线时，立即将该壶拿掉，以免其进入邻近赛道。只有在每局最后一投冰壶静止时，才可以使用测量器具（以下简称量具）进行测量，否则均用目测方法。除非是要决定冰壶是否有效，或者在一局内投掷第二、第三、第四或第五壶前，决定冰壶是否在自由防守区内，方可以进行测量。参赛队不得对冰壶做出改变，也不得在壶体或上方放置任何物品。

不同品牌和批次的壶柄，形状和粗细均略有不同。由于轮椅冰壶运动员是采用投壶杆头套住壶柄的方式进行投壶，因此壶柄和杆头的粗细是否匹配对残疾人运动员影响较大。国际大赛上所使用的壶柄均与轮椅冰壶投壶专用的杆头尺寸相匹配。所以在选购器材时要着重注意这一点，避免壶柄与杆头不一致而影响运动员训练。

（三）服装

同队的所有成员要在赛前练习时或比赛中，穿统一的服装和适当的鞋进入场地。参赛队若分配到浅色壶柄冰壶，则穿着浅色衬衫和比赛用夹克衫/运动衫；每件衬衫和夹克衫或毛衣后背上方要有运动员的姓，字母尺寸为5.08厘米（2英寸），队员名字在参赛队名的下方腰部位置，字母尺寸为5.08厘米（2英寸）。若分配到深色壶柄冰壶，则穿着深色衬衫和比赛用夹克衫/运动衫。在每次比赛开始之前均需要将服装颜色上报世界冰壶联合会进行登记。除非经世界冰壶联合会批准，浅色服装必须以白色或黄色为主，并且前后两面都至少有70%的白色或黄色。任何其他备选的服装必须在比赛至少 8 周前申请批准，或在一个赛季开始时申请一套服装用于参加多次比赛。队员和教练员必须穿队服或国服进入场地，队员或教练未穿着符合规定的服装禁止进入比赛场地和教练席。

队员服装或器材上允许出现广告，但必须严格依照世界冰壶联合会当前公布的指导手册。如果世界冰壶联合会认为任何服装或器材在世界冰壶联合会比赛中不可接受或不合适，他们有权禁止使用该服装或器材。

（四）比赛装备

轮椅冰壶不允许扫冰，比赛装备主要为轮椅和冰壶投壶杆。轮椅冰壶投壶杆是运动员手中的法宝，投壶杆可分为铝合金、钛合金、碳钎维的投壶杆。铝合金投壶杆价格适中、刚度较大、韧性较小。钛合金投壶杆价格最贵、刚度最大、不易损坏，韧性较小。目前使用的主要是碳纤维的投壶杆。

在轮椅冰壶项目比赛中，运动员若决定使用投壶杆，那么在本场比赛进行掷壶时都要用该装备。冰壶在到达投壶端前掷线后视为进入比赛状态，未达到投壶端前掷线的冰壶由队员重投。掷壶支架只能用作手或臂的延伸，不可传达任何机械优势。如果掷壶违例，那么违例的壶将被清除，此时如果违例的壶碰到另一队的冰壶时，被撞击的冰壶将回到碰撞之前的位置上。

（五）其他

为了配合轮椅冰壶的特殊性，轮椅冰壶比赛场的冰面上应有无脚踏板并设有轮椅线，场馆配备必要的无障碍设施。为了避免轮椅的轮子弄脏冰面，在场地内还设置轮椅清洁区域。轮椅冰壶的主要器材有：投壶杆（配备不同杆头，帮助轮椅运动员完成投壶动作）、冰壶刷（用于指挥）、秒表（计算投壶力量）、其他保暖设备（保暖鞋、保暖衣裤、手套等）等。

二、轮椅冰壶的竞赛规则

轮椅冰壶和健全人冰壶的规则基本相同，区别在于轮椅冰壶项目的比赛没有刷冰，且必须在固定的轮椅上掷壶。在投壶时运动员的脚不能接触冰面，轮椅的轮子则必须与冰面直接接触。

参加世界轮椅冰壶锦标赛（World Wheelchair Curling Championships）及其资格赛的运动员必须符合WCF分级规则所规定的资格标准。赛事分为轮椅冰壶比赛、轮椅混合冰壶比赛和轮椅混合双人冰壶比赛。轮椅冰壶的比赛分两队进行，每队由5名运动员组成，其中1人为替补。规则规定在场上的4名运动员中必须同时存在男子、女子运动员，并按顺序标明垒次（一垒、二垒、三垒、四垒），如果少于4人不能开始进行比赛，直到该队有4名有资格的参赛队员才可开始比赛。轮椅混和冰壶比赛每队应该有2名男队员和2名女队员，男女队员必须轮流投壶，无替补队员。轮椅混合双人冰壶比赛由两名队员组成，男女各一名，无替补队员，如果两名队员无法完成整场比赛，则该队判负。每一场比赛中需有两组冰壶，每组八颗，且颜色可轻易辨识。运动员可以直接用手投壶，也可以使用规则允许的投掷杆进行投壶。投壶时如果没有过投壶端前掷线，可重新投壶。所有比赛采用8局制，且有一次暂停，如遇加时赛可增加一次暂停机会。

轮椅冰壶比赛开始之前，双方将掷壶决定先后手，离圆心近者优先选择，每局结束后交替掷壶。两队每名球员均有两个冰壶，即有两次掷壶机会。按一垒、二垒、三垒、四垒的顺序交替掷壶。队员在前卫线后从固定的轮椅上掷出冰壶，使其自行以直线或弧线轨道滑向营垒中心。掷壶队员在尽可能比对手的壶接近营垒中心的同时，也可在队友的指挥下用冰壶将对方的冰壶撞出营垒或将场上本方的冰壶撞向营垒圆心。每队在每局比赛中有8次投壶机会，按一至四垒的顺序每人投壶两次，两队交替投壶，直到双方均将8只冰壶投完或比赛时间结束或一方认输，则本局结束。在每一局比赛结束后，大本营中一队的壶比另一队所有的壶都靠近中心，则靠近大本营中心的队伍得分，每一壶得1分，积分多的队伍获胜。8局比赛结束后如总比分相同，需要通过一局加时赛决定胜负，如还不能决出则继续进行加时赛直到分出胜负。

第四节　轮椅冰壶项目竞赛特点与竞技能力构成

轮椅冰壶项目作为竞技体育竞赛项目的一种，不仅有竞技体育比赛的本质特征，还有其个性特征，如竞赛人员的特殊性、动作模式的特殊性、动作方向的迥殊性和训练负荷的针对性。

一、轮椅冰壶项目竞赛特点

（一）竞赛人员的特殊性

轮椅冰壶项目作为冬季残疾人奥运会的比赛项目，与健全人冰壶项目相比，有着其自身明显的特殊性。如竞赛规则中要求参赛运动员下肢须有明显的损伤，步态明显异常，日常生活必须依靠轮椅，不能独立行走或仅能在室内短距离行走，这些特征决定了轮椅冰壶项目特殊的竞赛规则及训练方法等。参赛运动员的特殊性决定了竞赛规则的特殊性及训练方法的特殊性。

（二）动作模式的特殊性

动作模式是运动技能及其他练习和活动的基础，高效的动作模式是强大动作绩效的本源和动作安全的保障。动作模式可简单分为基础动作模式和专项动作模式。基本动作模式是人体为完成日常生活和活动表现，自然生长发育过程中逐渐形成的动作模式，主要包括下蹲、俯身、转体、弓箭步、步态、滚、爬、投、推、拉。专项运动模式是指为了完成专项运动而需要的运动模式。由于轮椅冰壶项目参赛运动员的特殊性，轮椅冰壶运动员的专项动作模式主要由上肢、躯干两部分组成。在轮椅冰壶训练计划设计中，需要根据轮椅冰壶项目特征及运动员的个体特征，设计相适应的动作模式。

（三）动作方向的迥殊性

动作方向是指完成某一个动作的方向。人体运动中，动作方向主要包括向前、向后、向左、向右、向上、向下等。相较于其他比赛项目，轮椅冰壶项目的动作方向相对单一，主要完成相对静止状态下上肢向前的动作。分析轮椅冰壶项目的投壶，包括准备阶段及出手阶段。准备阶段，运动员坐在轮椅上，手持投壶杆连接冰壶，依靠躯干、手臂与轮椅的连接等保持相对稳定。为了更有效地控制动作，运动员在轮椅上躯干向投壶手侧倾斜。出手阶段，上肢主要为肩关节屈、伸肘及腕关节外旋，涉及胸大肌、背阔肌、肱二头肌及前臂的肌群。投壶时目视前方，瞄准目标点，用投壶杆推动冰壶向前完成技术动作。

（四）训练负荷的针对性

训练负荷指运动训练过程中，对运动员机体施加的训练刺激。在轮椅冰壶训练中，训练负荷需根据轮椅冰壶项目特征针对性设定。如轮椅冰壶一天可能进行多场比赛，且单场比赛时间较长，见表1–6。这种项目特征对运动员的有氧能力提出了较高需求，训练中需根据比赛时间及赛程来针对性设计训练负荷；轮椅冰壶项目参赛运动员下肢运动功能障碍，训练中需主要对运动员上肢和躯干部位进行针对性设计；轮椅冰壶项目主要动作模式是坐姿状态下，通过核心区的相对稳定来提高投壶动作的准确性，训练中需针对性地加入坐姿状态下的稳定练习及坐姿非稳定状态下的投壶力量控制练习；同时，轮椅冰壶项目对不同垒次、不同性别的运动员运动能力有不同需求，训练中也需针对性设计。

表 1-6 2018 年平昌冬残奥会中国轮椅冰壶队赛程表

比赛日期	比赛时间	比赛双方	最终比分
2018-3-10	19:35	瑞典：中国	4 ：9
2018-3-11	14:35	挪威：中国	1 ：10
	19:35	中国：德国	7 ：3
2018-3-12	09:35	芬兰：中国	4 ：6
	14:35	中国：瑞士	8 ：2
2018-3-13	09:35	中国：加拿大	5 ：8
	14:35	美国：中国	4 ：6
2018-3-14	09:35	斯洛伐克：中国	2 ：9
	19:35	中国：俄罗斯	10 ：4
2018-3-15	14:35	中国：韩国	6 ：7
	19:35	中国：英国	9 ：3
2018-3-16	半决赛	中国：加拿大	4 ：3
2018-3-17	决赛	中国：挪威	6 ：5

二、轮椅冰壶运动员的竞技能力构成

（一）轮椅冰壶投壶技术

轮椅冰壶作为技能主导类项目，对运动员的技术能力有着较高要求。投壶技能是轮椅冰壶运动员竞技能力中最为重要的一环，对运动成绩有着关键的影响。

轮椅冰壶投壶中，影响投壶质量的关键因素是“手感”。由于轮椅冰壶运动员比赛中是坐在轮椅上借助投壶杆进行投壶，在投壶的手感上远远不及左右手直接投壶容易掌握。与健全人冰壶项目相比，轮椅冰壶项目对运动员投壶技术的要求较高，投壶难度较大。

轮椅运动员确定好投壶目标后，将投壶杆卡口固定在冰壶手柄上，调整身体姿势和心理状态，掌握好投壶时机，确定好应该达到的出手速度和壶体旋转运行的轨迹、距离后，完成一次有目的的投壶。投壶时，首先投壶运动员固定好轮椅，用手握住推杆手柄，用卡口套套住冰壶手柄。根据位于大本营一侧的主力队员指示确定投壶线路，然后抓握推杆手柄一侧的手臂的肩肘腕关节协调运动向前推杆，使套在卡口套上的冰壶按预定线路运动一段距离进行加速。在投掷线之前达到预期前进速度后使冰壶与卡口套脱离，完成一次投壶动作。如果战术需要投弧线球，则在向前推杆的同时手臂旋转进行旋杆，使冰壶在脱杆时既有向前的速度又有旋转的角速度。逆时针旋杆时，冰壶获得逆时针旋转的角速度，冰壶运动轨迹弧线向左旋进。顺时针旋杆时，冰壶获得顺时针旋转的角速度，冰壶运动轨迹弧线向右旋进，进而实现预定投壶路线，达到理想投壶效果。壶体运行的方向影响投壶的质量和对对手的控制，投壶“手感”对最后出手壶的准确性和达到技战术目标具有决定性作用。“手感”需要轮椅冰壶运动员经过长期、系统、有步骤的计划训练才可能养成。冰壶“手感”训练以体能训练中的力量训练、本体感觉训练等为主，适当加入一些心理训练方法，做到念动一致，循序渐进。

（二）轮椅冰壶投壶战术

轮椅冰壶比赛中，每队各派出4名运动员进行场上竞技，在垒次的排布上一般分为一垒、二垒、三垒、四垒。各个垒次分别单独投壶，各司其职并紧密联系，轮椅冰壶在垒次的排布和战术分工上要求较高。在投壶动作开始前，一般场上队长会根据现场情况分析并下达指令，在对手大本营内指挥队友并示意投壶。己方投壶队员需要根据队长下达的指令最后决定投壶所需要的力量、方向、旋转等因素；在冰壶出手后，时刻根据冰壶行走路线第一时间反馈给本队队友，己方队员会在得到指令后开始密切关注冰壶的行走路线及旋壶角度，从冰壶投出到结束，贯穿着四名投壶队员的紧密联系，协调统一并相互帮助，如果在一记投壶中一名队员因为意外或其他原因产生失误，将会影响整个团队的竞技表现或扰乱团队实施的战术计划。

轮椅冰壶比赛中一垒的主要任务是占位、投进、击打，是在开局为己方队伍创下良好局面的开拓者，在后手队伍进行进攻时，要尽量地破坏对方的占位壶，投出精准一击将其击出自由防守区但又不能出界，所以一般情况下一垒在开局所创下的局面往往决定接下来的比赛是胶着或简单；二垒的主要职责是投壶进营，击打、双飞或清空，在先手进攻的局面下，积极打出旋进和粘贴壶创造优势，在防守战术下，为后续投壶给予清场，被喻为清道夫；三垒作为全队的副队长，首先要有精准和高超的投壶能力，其职责是紧密联系全队所有队员，继续保持己方队员所创造的有利得分局面，为四垒减轻投壶压力并进一步扩大优势。在己方队友出现失误的情况下，要想方设法地采取补救措施，将不利影响降到最小，创造得分机会，被称作修理工；四垒是场上队伍的核心及得分手，不仅仅需要稳定、娴熟的投壶技术，还需要较强的心理素质和抗压能力。赛场上，四垒是整只队伍的指挥者，更是“最后决胜一击”的实施者，需要在复杂局面之下顶住压力投出制胜一壶，同时需要保证较高的投壶成功率。综上，轮椅冰壶比赛中，四个垒次有着不同的分工。运动员需要明确好自己所要完成击打的战术与任务，为全队创造优势与有利局面。全队配合娴熟，各垒次技术水平高，凝聚力强，在战术的实施过程中时刻保持高度默契，往往会取得良好的成绩。

轮椅冰壶战术包括布局战术、开局战术、击打战术与偷分战术等，共计 12 种战术，即六种慢壶推进战术（投进、站位、保护、传进、分进、粘贴）和6种快壶击打战术（清空、击打、打甩、双击、传击、旋击）。6种慢壶推进战术的战略思想应用于防守、保护、偷分上。6种快壶击打战术主要应用于进攻、清理障碍、得分上。运动员在 12 种战术的选择上受比赛局势的影响，轮椅冰壶比赛中，实际运用到 12种冰壶战术的并不多。

打定（击打）是运动员在比赛中最常用的战术手段，运动员使用投壶杆进行投壶，冰壶的行走路线较直，打旋壶和打甩的难度较大，所以打定成为轮椅冰壶的主要战术手段，打定的目的是将对手的有效得分壶击出大本营，将己方有效壶留在大本营，起到“借窝下蛋”的作用。由此可知，轮椅冰壶在占位、投进、打定的战术选择上较多，战术运用较为广泛。

队友辅助支撑投壶是轮椅冰壶的一个重要环节，训练或比赛中，投壶队员在用投壶杆固定好冰壶手柄以后，确定好击球路线和战术分配，将会有其他 1 — 3 名队友在投壶队员轮椅后帮助扶稳和固定轮椅，这一做法的好处是固定了投壶队员的轮椅重心，不会出现投壶后因为反作用力导致轮椅向后移动的情况，致使投壶失败。

放置到冰面后冰壶与冰面产生的阻力和作用力不是恒定的，有经验的运动员会根据赛场情况确定好这一球需要几名辅助队员。通过文献梳理可知，国际轮椅冰壶强队运用好辅助支撑对投壶效果大有裨益，这说明队伍整体配合的默契度越高，产生合力的作用越大。

（三）轮椅冰壶体能训练

轮椅冰壶项目比赛时间长，冰壶较重，比赛中需要重复投壶以完成技术动作，因此良好的体能是运动员参赛的基础。轮椅项目属于技能主导类、表现准确性项目，比赛的结果一方面取决于自身准确性发挥，另一方面也受对手技战术及准确性的影响。如何在体能输出时将心理控制在相对稳定的范围，保障技战术的发挥并提高自身准确率，是比赛取胜的关键。轮椅冰壶体能训练目标是：让体能训练的负荷、强度达到或高于专项比赛需求；动作模式尽可能与专项动作模式相一致；体能支撑专项技战术的发挥。

轮椅冰壶专项体能训练要根据残疾人运动员生理特点来合理安排体能训练，主要通过体能训练来提高四大能力（平衡能力、核心力量、力量耐力、有氧能力），以达到在比赛中的两大状态（稳定状态、抗疲劳状态）。体能训练需要遵循四个原则，第一、系统性原则，第二、全面性原则，第三、结合专项原则，第四、从实际出发原则。

轮椅冰壶运动员因伤残致使身体形态较为特殊，在训练方法上也较健全运动员有很大不同。轮椅比赛时间较长，长时间地在冰面上进行投壶，推动轮椅，低温度下比赛对于运动员的体能是一个严峻的考验，所以，应该在日常的训练中多安排体能训练，增强轮椅冰壶运动员抗疲劳能力、抗寒能力、核心肌群稳定能力。轮椅冰壶在投壶的准备开始与结束的连续动作中，参与运动的肌肉较多，主要包括肩部肌肉、手臂肌肉及相关小肌肉群，这些肌肉所要传导的力量直接决定了投壶质量和实施战术目的的好坏。因此，切实有效地提高轮椅冰壶运动员的体能训练，尤其是核心区稳定及小肌肉群抗疲劳训练，是提高投壶成功率的良策；轮椅冰壶运动员因其身体形态的特殊性，在投壶环节需要坐在轮椅上，通过核心区的相对稳定来提高投壶动作的准确性，训练中需针对性地加入坐姿状态下的稳定练习及坐姿非稳定状态下的投壶力量控制练习。综上，根据轮椅冰壶专项特征，设计相适应的力量练习、速度练习、耐力练习及本体感觉练习等，以提高轮椅冰壶运动员相关能力，是轮椅冰壶运动员体能及竞技能力提升的关键。

（四）轮椅冰壶心理训练

残疾人运动员的心理特征有异于健全人，如何针对残疾人的特殊心理特征，开展相适应的心理训练，使残疾人运动员获得较好的心理状态并取得优异的竞赛成绩，进而实现自身价值，是残疾人运动员心理训练的重要内容。轮椅冰壶项目中，一名优秀的轮椅冰壶运动员若想在比赛中发挥出色，完成每一记高质量的投壶，除了平时刻苦的专项技术训练以外，还取决于自身良好的心理素质和面对压力时做出的准确调节反应。运动员如果在比赛中缺乏自信心，或者面对强大对手时表现出恐惧或巨大心理压力，就会在比赛大环境中表现出紧张、动作迟缓、焦虑、无心恋战、动作准确性降低的情况，导致布置下来的战术任务无法完成，从而输掉整场比赛。所以，轮椅冰壶心理训练应在比赛前将运动员的情绪、自信心、动力、注意力等调升到最佳状态，使运动员在比赛中发挥最佳水平。轮椅冰壶心理训练另一个重要内容是对运动员焦虑的把控。焦虑是在比赛前和赛中都会出现的一种不适应的心理情绪反应，比赛时出现较大的焦虑会对运动员实施技战术操作和战术任务造成影响，且残疾人运动员因为其特殊的心理状态容易转化为特质焦虑，在焦虑出现后极其容易对比赛失去信心和斗志，针对这种情况应该在赛前做好充分的心理疏导，使其心态平和放松，从容面对每一场比赛。

第二章　轮椅冰壶身体运动功能训练特征

第一节　身体功能训练研究现状

一、传统体能训练的演进

传统体能训练重视对机体力量和耐力等的训练，其中包括形态、机能和素质。形态是体能的载体，机能是体能的支撑，素质是体能的重点。传统体能训练存在训练负荷大、伤病较多、效益不高等问题。

随着近现代职业体育的发展，比赛密度不断增大，比赛强度不断增高，比赛对抗性更加激烈，导致运动性伤病频发，严重影响运动员场上发挥和竞技表现。因此，职业体育的教练员、运动员不断地从医学领域寻找功能康复、功能训练和物理治疗等新理念新方法。可以看出，传统体能训练重视大肌肉群力量训练，而较少关注动作优化、平衡协调训练和神经控制能力训练以及小肌肉群功能提升，这是导致运动员伤病增多的重要原因。越来越多的职业教练和运动员开始重视创新体能训练，引进更加安全、更加有效的体能训练方法。近年来，现代体能训练新理念、新方法已经渗透到各个领域，有的专家提出“无体能不体育”“无体能不运动”“无体能不项目”“无体能不竞技”“无体能不生活”“无体能不健康”“无体能不阳光”的观点，将体能训练提到十分重要的位置。

从当前实践来看，现代体能训练不仅要提高运动员身体素质，更要提高运动员的专项运动能力、赛场竞技表现力和抗疲劳防伤防病能力。体能训练正在从素质主导型训练向动作模式为基础的体能训练转变；体能训练不仅针对田径、游泳和集体球类等体能项目，而且对跳水、射击、乒乓球、羽毛球、体操、跳水等技能类项目以及举重、摔跤、柔道、拳击等力量型项目都要推进；体能训练从以力量、耐力等为重点的要素型训练向神经动员的功能训练型转变；从为技战术提供保障的单一、独立的训练向全面的、立体的、多元化训练转变；体能训练从冬季训练渗透到每一个赛季、每一天和每一节课，要从积累期、转化期到比赛期、恢复期均坚持；体能训练从完善一节课训练结构开始，从热身、准备、训练到放松中都要树立体能意识；从不重视赛间体能训练到重视赛间体能训练和赛后疲劳康复，重视技术训练体能化和战术训练体能化。由此可见，体能已经成为职业体育、健身运动、特种行业和青少年运动不可缺少的训练内容。

二、身体运动功能训练的科学化探索

身体运动功能训练是现代体能训练的重要发展方向，和传统体育教育不同，重视从人体生长发育规律出发，按照人体功能解剖的结构理论和运动生物力学原理，通过创编一系列的动作模式并经过训练来提高神经系统对身体稳定性、灵活性的控制能力，它重视对人体身体运动的功能筛查、动作准备、运动链训练、核心力量和恢复再生等检测与训练，可以矫正不良的身体姿态和步态，提高机体的心肺功能；室外身体运动功能训练通过对人体身体动作模式的训练，全面强化神经肌肉的支配能力，提高人体跑、跳、投等运动功能，为开展更加丰富多彩的体育项目奠定坚实的基础，为全面达到国家体质健康标准提供技术保障。

如果说传统体能训练重视力量、耐力等身体素质的“硬件”系统训练的话，那么身体运动功能训练就是更加重视身体结构的“软件系统”和“信息系统”功能水平的提高。体能训练只有硬件水平提高不足以达到复杂的技战术系统要求，更重要的是软件信息系统调节功能和不断升级换代水平，因此，需要不断提高动作应激水平、应激速度、应激难度和应激准确性，身体运动功能训练能更好地提高身体姿态控制能力、身体适应能力、身体运动能力和恢复再生能力。

身体运动功能训练是基于多学科的综合性系统工程，核心是提高神经系统对身体运动的动员速率和控制效率，基本原理是生物进化论、人体发育学、神经生理学、功能解剖学、生物力学、运动医学等多学科交叉融合的工程科学，可以从不同维度去解读。

从发育学角度看，身体运动功能训练则更加强调人体动作形成顺序和技能形成规律。生理学则强调神经系统对肌肉的支配作用，强调动作的稳定性和关节运动的灵活性。功能解剖学强调通过大肌群率先发力带动小肌群的用力，即发挥臀大肌的发动机作用。从运动生物力学来看，更加强调躯干支柱作用和动力链的传递速度、效率。从神经生理学来看，更加强调身体对称性和稳定性的基础价值以及动作编码、神经递质传导的层次性和有效性。

第二节　身体运动功能训练内容与特征

身体运动功能训练逻辑起点就是动作模式，按照人体结构来分可分为上肢、躯干和下肢三个部分；按照人体解剖学姿势可以分为矢状面、额状面和水平面。身体运动功能训练就是要从人体生长发育阶段规律出发，按照功能解剖和运动生物力学原理，通过一系列动作模式训练来提高神经系统对身体运动的控制能力，强调人体运动姿态的合理性，重视身体的左右对称，重视动作上下的协调和做功顺序的合理，重视肌肉募集速率和动力传递效率，重视身体姿态控制的稳定性和协调性统一、动作速度与平衡性协同。通过身体姿态和人体动作模式的训练可以整合机体各项素质用于优化人体最基本的运动能力，通过对动作模式、脊柱力量、动力链、恢复与再生、速度、爆发力、能量系统等进行系统性训练和不断优化，可以提高专项运动能力的方法体系。

动作体系是身体运动功能训练的基本内容。人的合理运动就是人的运动功能与人体解剖结构双向互动和相互适应的过程，运动是人体结构的功能表现，人体结构的完善是运动功能不断优化的结果。按照动作理论可以将人体动作体系分为上肢动作、躯干动作和下肢动作。

上肢动作分为双臂和单臂，单臂动作分为推和拉两种，双臂动作分为推、拉、推拉同步三种；上肢动作都分为多平面矢状面、额状面和水平面运动。

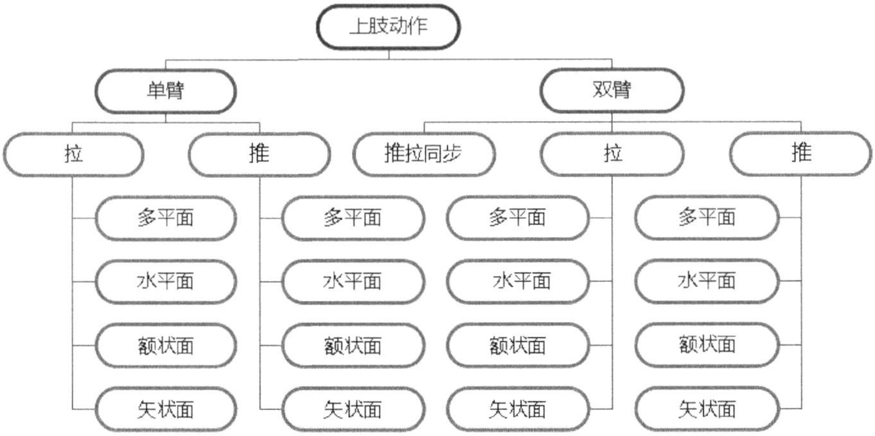

图2-1　上肢动作体系（引自袁守龙《大学体育与健康》，2019.8）

躯干动作分为动态和静态两种，静态主要为桥式练习；动态分为水平面、额状面、矢状面以及多平面。

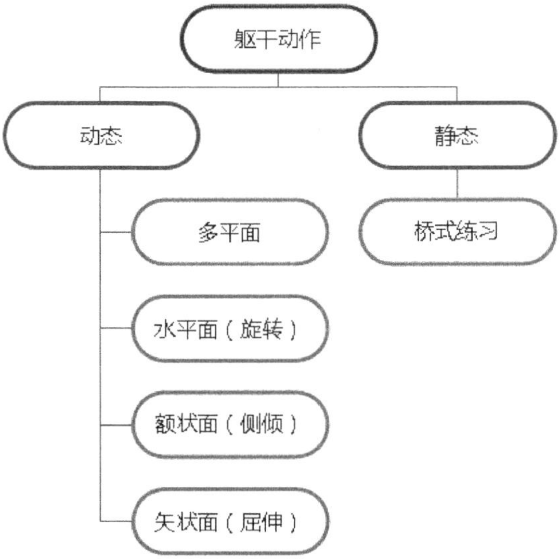

图2-2　躯干动作体系（引自袁守龙《大学体育与健康》，2019.8）

下肢动作分为双腿、单腿，动作分为蹲、伸及蹲伸同步；上下肢动作都分为矢状面、额状面、水平面及多平面运动。

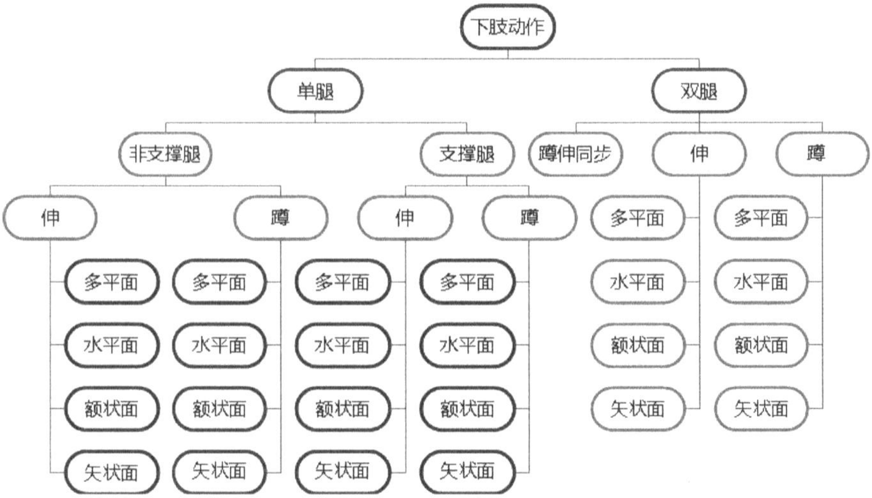

图2–3　下肢动作体系（引自袁守龙《大学体育与健康》，2019.8）

概括起来，功能训练的主要特征有：

（1）强调动作训练而不是肌肉力量，专项技术训练前需要进行动作训练。

（2）动态姿势调整和平衡是体能训练的基础，要以纠正不对称、不平衡、不协调为前提条件。

（3）强调多关节、多平面、多维度身体姿态训练，重视本体感觉训练，重视视觉和听觉在平衡能力中的训练。

（4）在外负荷与多向速度训练中强调动作规范性和标准化，重视动作质量而不是数量。

（5）躯干稳定性支撑四肢灵活性，重视脊柱前屈、后伸、左右侧屈和旋转功能训练，不断提高核心区、核心柱肌群结构功能的协同能力。

（6）强调大肌肉群先发力带动小肌肉群顺序发力，注重人体动力链的有序传递，重视髋关节和下肢力量的主导作用。

（7）注重训练后疲劳主动恢复和软组织结构再生训练，提高伤病预防能力。

第三节　轮椅冰壶身体运动功能训练特点研究

轮椅冰壶项目身体运动功能训练有其专项特殊性，旨在保障轮椅冰壶运动员在健康的基础上能够胜任高强度、强对抗、多赛次的训练或比赛，以提升运动员竞技能力，提高运动成绩。

一、轮椅冰壶运动员的残疾特征

世界冰壶联合会在《轮椅冰壶分级规则》中明确指出，轮椅冰壶运动员须满足以下资格标准之一，方能参赛:（1）下肢力量损失，例如：脊髓损伤、脊髓灰质炎、横断性脊髓炎、脊髓双歧杆菌、多发性神经病。（2）下肢肢体不全，双侧踝关节以上截肢、单侧髋关节脱节、单侧膝关节以上截肢且另一侧的肌肉力量小于25/40。（3）肌张力亢进，使用Ashworth量表（3级或4级）分级的下肢肌张力亢进，以限制所有下床活动或将其限制在室内很短的距离。（4）不协调，表现力量下降和肌张力低下，以限制在室内或仅在很短距离内进行步行活动，如多发性硬化性脑瘫。（5）关节活动受限或永久性丧失，主要指两条腿的2个或多个大关节（臀部，膝盖，脚踝）中或更多，如膝关节软化症。（6）任何上述损伤的组合，其严重程度足以将运动员的日常活动限制在轮椅上。

对2020年中国国家轮椅冰壶队夏训12名运动员的调查显示，队员中有小儿麻痹症8人，占66.7%；截肢2人，占16.7%；脊柱裂1人，占8.3%；截瘫1人，占8.3%，见表2-1。小儿麻痹症又称脊髓灰质炎，是由于受到病毒感染损害人体运动细胞，进而引起不同程度的肌肉瘫痪，故该残疾人群多数存在下肢受累，机体无法保持平衡，常伴随下肢肌力失衡、髋外展无力等症状。由此可见，现阶段轮椅冰壶运动员残疾以小儿麻痹为主，常伴随下肢肌肉功能大范围受限或丧失。

表2-1 中国国家轮椅冰壶队2020夏训队员残疾特征调查表

姓名	性别	残疾类型	年龄	训练年限
W**	男	小儿麻痹症	31	12
L*	男	小儿麻痹症	34	13
Z*	男	双小腿截肢	41	13
Y**	男	双腿截肢	28	6
C**	男	小儿麻痹症	29	6
Z**	男	小儿麻痹症	21	6
Z**	男	小儿麻痹症	32	7
X**	男	小儿麻痹症	35	13
S**	男	小儿麻痹症	39	13
W*	女	小儿麻痹症	32	5
Y*	女	脊柱裂	29	4
Z*	女	截瘫	32	6

二、轮椅冰壶身体运动功能训练特点

轮椅冰壶身体运动功能训练是指轮椅冰壶运动员在一定负荷和速度条件下所进行的各种递增式，并将多关节、多平面和本体感受性融为一体的专门动作训练方法。其训练理念是重视保障运动员的身体健康和运动损伤的预防训练，目的是保障运动员能够胜任高强度、强对抗、多赛次的训练或比赛，努力维持运动员在高水平竞技平台上的最佳竞技水平。轮椅冰壶运动员的身体运动功能训练以轮椅冰壶专项特征为基础，结合身体运动功能训练的基本模块，主要强调多关节、多平面、多维度训练，核心区稳定性训练及本体感觉训练，以降低轮椅冰壶运动员运动损伤发生概率，提高轮椅冰壶运动员运动表现。

（一）强调多关节、多平面、多维度训练

轮椅冰壶项目主要动作模式是在坐姿状态下，通过核心区的相对稳定来提高投壶动作的准确性，动作主要包括上肢、躯干的平衡性练习和本体感觉相关的训练。结合轮椅冰壶专项动作模式，轮椅冰壶运动员身体运动功能训练应强调专项所需的上肢、躯干等多种关节及与专项运动、恢复相关的多平面、多维度训练，以全面提升轮椅冰壶运动员体能水平，预防运动损伤。

（二）强调核心区稳定性训练

身体运动功能训练中的核心区是指人体的中间环节，是以腰椎 — 骨盆 — 髋关节为主体，包括附着在它们周围的肌肉、肌腱及韧带系统。对于轮椅冰壶运动员，他们下肢肌肉关节功能受限，比赛中在坐姿状态下完成上肢的准确性动作就需要轮椅冰壶专项的核心区能力。核心区能力提高了，肢体的活动才有支撑，才能更加精确。核心区是动力链上的重要部位，也常是运动链的发力点。轮椅冰壶运动员核心区训练主要是结合专项

动作模式，以低负荷、小强度的静态慢速动作为主，来提高神经肌肉的精确控制能力，以提升运动员的运动表现。

（三）强调神经 — 本体感觉训练

人体神经 — 本体感受器能够感受肌肉张力和压力的变化及关节伸展程度，并将这些感受变化的刺激信号转化为神经冲动传入大脑皮质躯体运动中枢，以调节骨骼肌的运动，使人感受到身体在空间的位置、姿势、运动的变化等。在人体的肌肉、肌腱、关节囊、皮肤、韧带及周围组织中分布着多种本体感受器，骨骼肌主要的本体感受器是肌梭和高尔基腱器官，可以感受肌肉被牵拉的程度和感受肌肉收缩和关节伸展的程度。神经 — 本体感觉训练在开环控制 —— 投掷、技巧类项目中具有重要作用。轮椅冰壶项目中“投壶精准”是取胜的关键因素，细小的变化都足以决定比赛的胜负。对于轮椅冰壶运动员来说，良好的肌肉牵拉收缩程度和关节的伸展程度感知可以提高投壶的精准度。强调本体感受器的训练可以提升轮椅冰壶运动员的本体感受机能，从而更好地控制投壶的力度、角度、精准度，增加获胜的概率。

第三章　我国轮椅冰壶运动员体能测试体系构建

轮椅冰壶属于技能主导类同场对抗性项目，2006年意大利都灵冬残奥会后逐渐传入中国。作为中国冬残奥军团的优势项目，中国轮椅冰壶队取得了2018年韩国平昌冬残奥会金牌及2019年苏格兰斯特林世锦赛冠军。虽然中国轮椅冰壶队近年来取得了可喜的成绩，但我国轮椅冰壶的项目训练仍存在不少问题，总体表现为科学性不足，训练仍处在经验训练的层次，训练方法的随意性较大。尤其是体能训练方面，体能练什么、怎么练、练多少，一直都处于模糊的状况。训练的起始点皆为评价，没有评价的训练远离了科学训练的主题。因此，根据轮椅冰壶项目特征、运动员个体特征等，构建我国轮椅冰壶运动员体能测试体系，具有一定的理论意义及现实意义。

第一节　我国轮椅冰壶运动员体能测试体系构建原则

明确轮椅冰壶专项体能测试指标原则不仅有利于专项体能测试指标的顺利筛选，还能够提高测试过程的流畅性、运动员测试的安全性。基于对相关文献的大量阅读与梳理，并结合轮椅冰壶项目特征、运动员残疾特征，最终确定了我国优秀轮椅冰壶运动员专项体能测试指标体系构建的七项基本原则。

一、残疾特征优先原则

残疾特征优先原则指在轮椅冰壶专项体能测试指标筛选中，根据轮椅冰壶运动员残疾特点，优先选择与残疾人运动员体能水平相适宜的测试指标。残疾人运动员有别于健全人运动员，轮椅冰壶运动员的残疾主要以下肢残疾为主，所以在专项体能指标的筛选中，应注重对上肢推、拉等测试指标的选择。且筛选的指标应该符合专项特征、运动员的残疾特点，尽可能保证残疾人运动员运动能力评定的最佳化。

二、专项性原则

专项性原则指专项体能测试指标的选取应符合项目的专项特征。如：轮椅冰壶特殊的投壶动作模式，不同的技战术需求，均需要运动员专项运动能力。所以在轮椅冰壶测试指标的选取时应着重加强对运动员躯干核心区力量、柔韧性、上肢推拉测试、快速爆发力及稳定控制力量等指标的选取。

三、科学性原则

科学性原则指在轮椅冰壶运动员专项体能测试指标体系构建时，应尽量将人的主观能动性和事物的客观规律结合起来，对测试指标的选择和取舍都必须有科学依据，不能主观捏造，并且在指标的选择中应符合统计学要求，保证测试数据真实可靠。

四、安全性原则

安全性原则是指测试过程中必须保证测试人员与受试运动员的安全。轮椅冰壶项目参赛运动员均为残疾人运动员。因此，在构建专项体能测试指标过程中，一定要以保证轮椅冰壶运动员的安全为前提，尽量避免危险性过高的测试动作。如果受试运动员在测试过程中出现任何反应，应立即停止测试并对其采取正确、有效的检查和治疗，务必保障运动员的人身安全。

五、可靠性原则

可靠性原则是指同一个测试指标在相同测试条件下进行重复测试时，所得测试结果可保持一致。在选择轮椅冰壶项目测试指标时，应保证测试指标的可靠性。且在测试时，尽量保证使用相同的具有一定测试基础的测试人员，使用标准的测试器械及流程，用基本一致的测试时间，来完成测试动作，力求测试结果的可靠性。

六、区别对待原则

区别对待原则是指由于轮椅冰壶运动员受先天、后天以及各种因素的影响导致其肢体有不同程度的残疾，其残疾类型参差不齐，肢体发育发展状况具有不平衡性、多面性和差异性，这就要求在对轮椅冰壶运动员进行专项体能测试指标筛选和测试中，要尽可能在保证测试可靠性的基础上，呈现多样化、个性化的特点，区别对待、因人而异。

七、可操作性原则

可操作性原则旨在轮椅冰壶专项体能测试中，测试指标的选择及实施需具有可操作性，能适用于不同残疾类型、不同性别的轮椅冰壶运动员；且轮椅冰壶专项体能测试应融入到轮椅冰壶的日常训练中，得到教练员、运动员的一致认可，做到以测代练、以测督练、测练结合。

第二节　我国轮椅冰壶运动员体能测试体系构建

在前期文献资料的收集、专家访谈的基础上，针对轮椅冰壶项目特征、残疾运动员体能训练特征等问题与专家开展轮椅冰壶运动员专项体能测试初选指标讨论，初步确立我国优秀轮椅冰壶运动员专项体能测试初选指标。

根据德尔菲法的操作流程，选取符合研究目的、项目特征的11名相关专家，其中冰壶相关专家5名，均为备战2022冬残奥会轮椅冰壶专任教练员，体能专家6名，均为备战2022冬残奥会轮椅冰壶体能科研组专家。专家指标筛选包括两个维度：一是“意见集中度”，一是“意见协调度”。“意见集中度”主要指专家对所选取所测指标的认可程度，按照问卷的设计分为：“非常重要”“比较重要”“一般重要”“不重要”“很不重要”五个等级，每个等级分别对应不同的赋值：5分、4分、3分、2分、1分。本研究要求所筛选指标均值≥4.0分，表示专家对所选取的测试指标较为认可。“意见协调度”指的是专家对所选取指标的分歧程度，用各指标得分的变异系数来衡量，所选指标得分变异系数≤25%时说明专家协调程度较高，所选指标专家较为认可。根据本文研究目的，在本文专项体能测试指标筛选中，所选取测试指标均值≥4.0分且变异系数≤25%时予以保留，其他测试指标剔除。经过专家三轮专项体能测试指标的筛选，总结归纳出我国优秀轮椅冰壶运动员专项体能测试指标，见表3–1。

表3–1 我国优秀轮椅冰壶运动员专项体能测试指标表

一级指标	二级指标	三级指标	测试目的
身体形态	高度	坐高	反映纵向生长水平
	充实度	BMI	反映身体质量指数
	围度	收缩上臂围	反映上臂部肌肉的发育情况及发达程度
	厚度	肱三头肌皮褶	反映肱三头肌脂肪含量情况
身体机能	心血管机能	静息心率	测试心血管机能
身体素质	力量素质	60s跪姿俯卧撑	评价运动员上肢肌肉力量与耐力
		60s坐姿屈臂	评价运动员肱三头肌肌肉力量与耐力
		坐姿水平推实心球	评价运动员上肢肌肉爆发力
		坐姿后抛实心球	评价运动员上肢及背部肌肉力量
		1RM卧推	评价运动员上肢肌肉最大力量
	速度素质	30m轮椅冲刺	评价运动员短距离爆发能力
身体素质	耐力素质	5000m轮椅滑	评价运动员有氧耐力
	核心区力量	三级腹桥	评价运动员核心区肌肉力量

续表

一级指标	二级指标	三级指标	测试目的
身体素质	柔韧素质	肩关节灵活性	评价运动员肩部灵活能力
	投准类	10次网球抛准	评价运动员肌肉感觉与控制力

经过专家三轮指标筛选，最终建立了我国优秀轮椅冰壶运动员专项体能测试指标体系。包括一级指标 3 项：身体形态、身体机能、身体素质；二级指标 11 项：高度、充实度、围度、厚度、心血管机能、力量素质、速度素质、耐力素质、核心区力量、柔韧素质、投准类；三级指标 15 项：坐高、BMI、收缩上臂围、肱三头肌皮褶、静息心率、60s跪姿俯卧撑、60s坐姿屈臂、坐姿水平推实心球、坐姿后抛实心球、1RM卧推、三级腹桥、30m轮椅冲刺、5000m轮椅滑、肩关节灵活性、10 次网球抛准。

第三节 我国轮椅冰壶运动员体能测试体系测试方法

（一）高度（坐高/cm）

测试要求：受试运动员端坐在测试垫上，身体躯干保持直立。随后用皮尺测量受试者头顶至坐骨结节的长度，见图3-1。

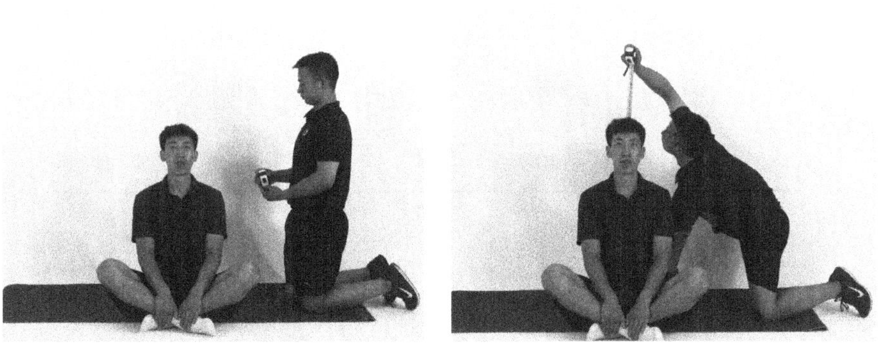

图3-1

（二）围度（收缩上臂围/cm）

测试要求：受试运动员手臂平举，掌心向上用力握拳屈肘，使肱二头肌尽可能收缩，随后用皮尺在肱二头肌最突出处绕一周，测量出上臂围，见图3-2。

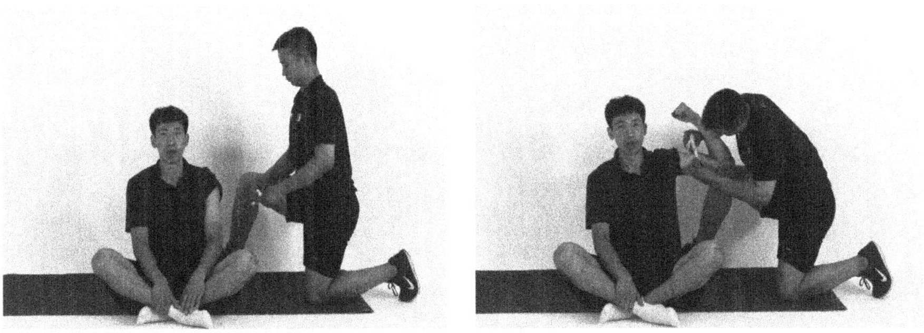

图3-2

（三）厚度（肱三头肌皮褶/mm）

测试要求：受试运动员端坐在测试垫上，上肢自然下垂，随后拿起皮脂钳在肩峰和尺骨鹰嘴中点（约为肱三头肌肌腹）处测量并记录数值，见图3-3。

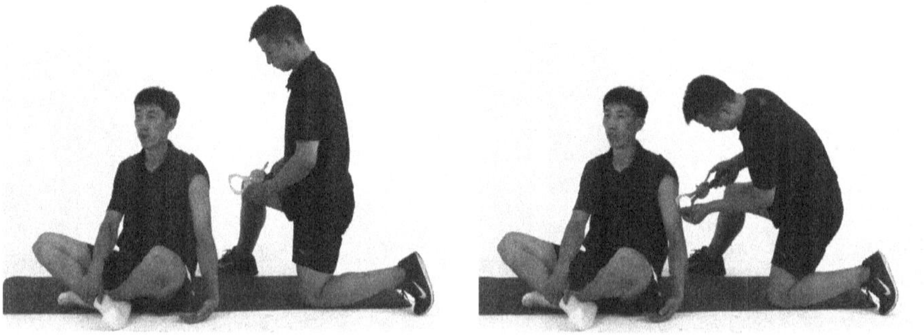

图3–3

（四）心血管机能（静息心率/次）

测试要求：受试运动员端坐在测试垫上，手指按压腕部或颈部动脉并记录跳动次数，计时60s，见图3–4。

图3–4

（五）力量素质

1. 60s跪姿俯卧撑/个

测试要求：受试运动员呈跪姿于测试垫上，双腿自然开立与肩同宽，双手置于胸前适当位置，随后做肘部屈伸动作，收紧腰腹，向上推起时伸肘角度应保持180°，屈肘角度应≤90°，完成则记1次成功，计时60s，取最终数值，见图3–5。

图3–5

2. 60s坐姿屈臂/个

测试要求：受试运动员呈坐立位仰坐于测试垫上，以臀部为支撑点，双手置于躯干后部适当位置，做肘部屈伸动作，屈肘时角度≤90°，伸肘时角度为180°，完成则记1次成功，记时60s，取最终数值，见图3–6。

图3–6

3. 坐姿水平推实心球/m

测试要求：受试运动员呈坐立位于轮椅上，双手持实心球于胸前，做水平推动作，快速将实心球推出，测量实心球飞出距离，见图3–7。

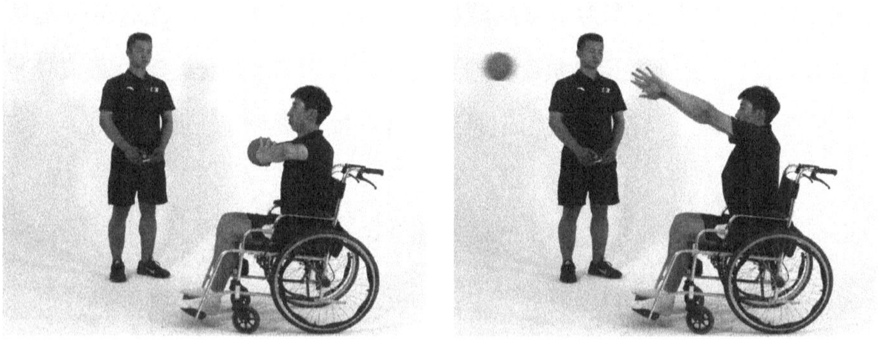

图3–7

4. 坐姿后抛实心球/m

测试要求：受试运动员呈坐立位于轮椅上，背向，双手持实心球于胸前，随后做快速后抛动作将实心球向身后抛出，测量实心球飞出距离，见图3–8。

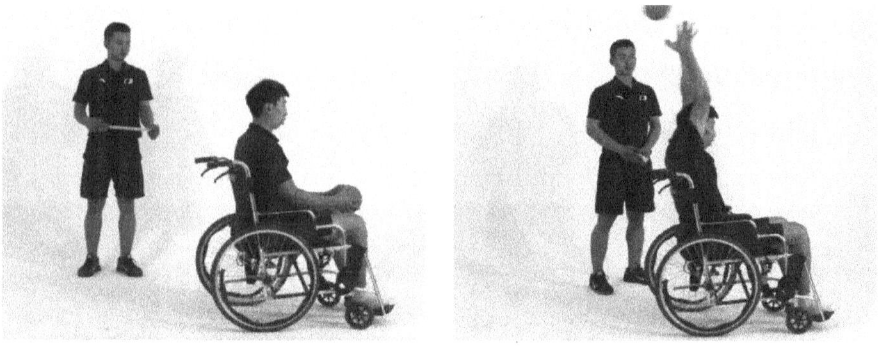

图3–8

5. 1RM卧推/kg

测试要求：受试运动员仰卧于测试凳上，下肢固定，随后做1次肘部垂直于水平面的屈伸动作，屈肘角度等于90°或略小于90°，伸肘角度180°，即为成功。在进行测试前受试运动员应事先预估自己最大力量的

50%，此预估力量将作为受试运动员的热身重量，做2—3组，5—8次。准备活动结束后，男运动员每成功推起1次加重5kg，女运动员每成功推起1次加重2.5kg，直至失败，记录受试者卧推最大重量，见图3-9。

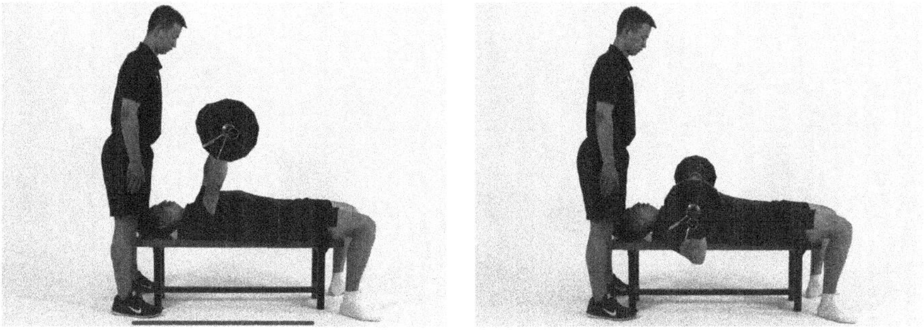

图3-9

6. 三级腹桥/s

测试要求：受试运动员呈跪姿于测试垫上，双腿自然开立与肩同宽，屈肘俯撑于地面，腰腹收紧，同时保持颈、肩、髋、膝在同一条线上，然后依次按照双肘撑60s、抬起右手15s、抬起左手15s的顺序轮换，记录时长，见图3-10。

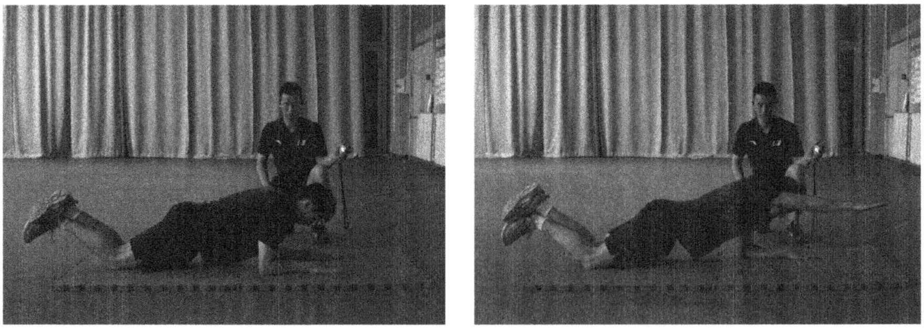

图3–10

（六）速度素质（30m轮椅冲刺/s）

测试要求：受试运动员坐于轮椅上，当听到计时员发出“预备，开始”口令时，迅速滑动轮椅完成30m轮椅冲刺滑，记录时长，见图3–11。

图3–11

（七）耐力素质（5000m轮椅滑/s）

测试要求：受试运动员坐于轮椅上，当听到计时员发出“预备，开始”口令时，迅速滑动轮椅完成5000m轮椅自由滑，记录时长，见图3–12。

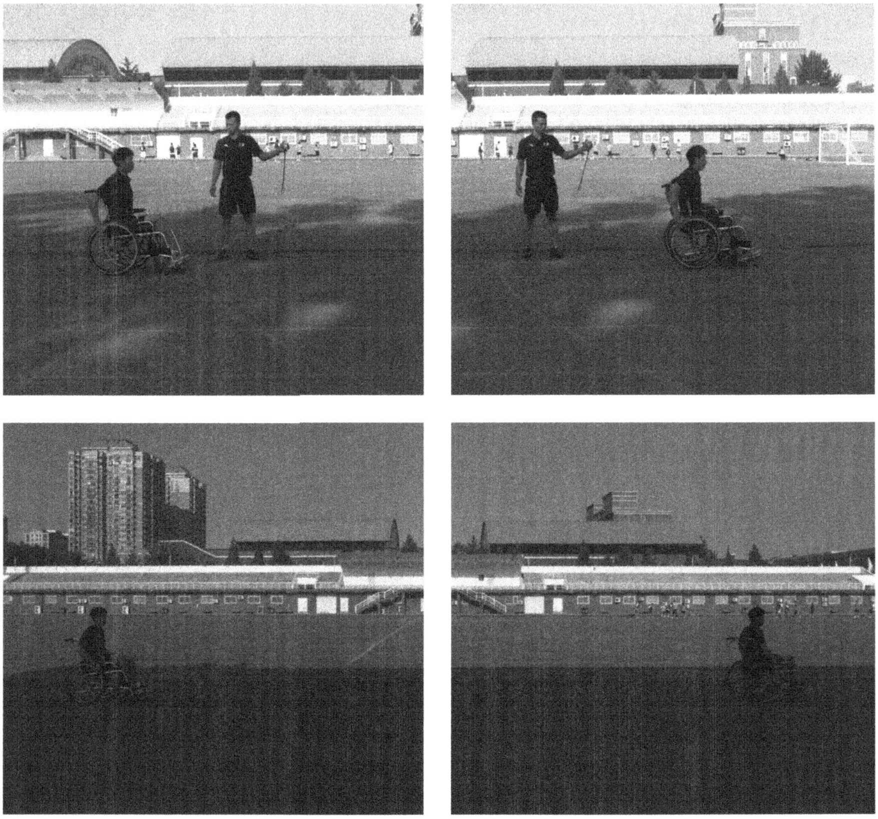

图3–12

（八）柔韧素质

1.肩关节灵活性/cm

测试要求：受试运动员坐于凳上，躯干保持直立，将测试木棒置于受试运动员手中，受试运动员手持测试木棒于膝盖上方，随后做肩绕环动作，完成动作过程中不能出现肘屈动作，记录受试者两拳之间最小的距离，见图3–13。

图3–13

2. 肩关节灵活性/cm

测试要求：受试运动员坐于凳上，双手握拳，双臂侧平举准备。左手从左肩上方屈臂绕到背后，右手由背部屈臂与左手相向靠拢。测量受试者两拳之间的距离，动作完成后换边。测量距离为一次动作的距离，不要多次移动缩短间距。测试者记录测试数据，见图3–14。

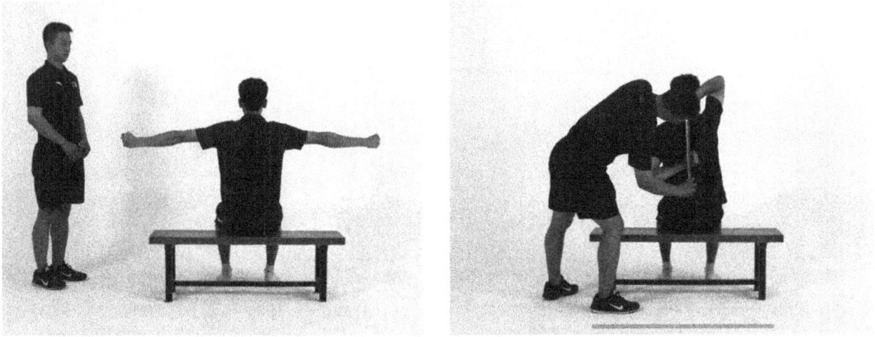

图3-14

（九）其他素质（1/2/3m*10次网球抛准/个）

测试要求：受试运动员坐于凳上，惯用手单手持网球，随后将网球向前抛出，抛出的网球需击中已放置在既定位置（1m、2m、3m）的网球，击中1次，记1次成功，取最终数值，见图3-15。

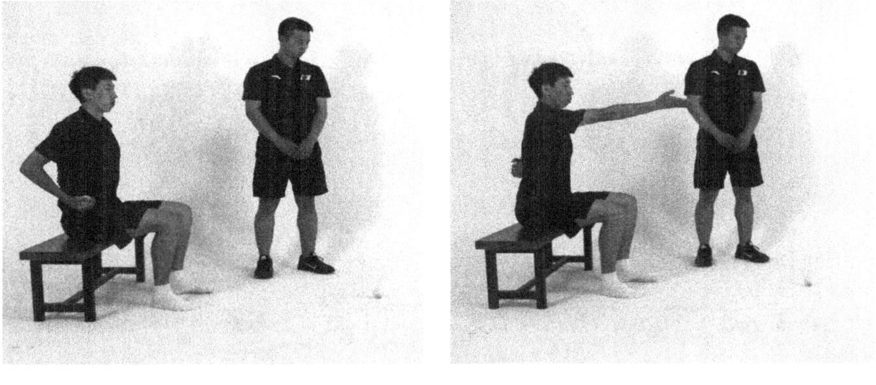

图3-15

第四章　我国轮椅冰壶运动员准备活动理论与方法

准备活动，顾名思义，就是让身体为接下来的训练及比赛做准备。它可以提升心率、肌肉的血流量和身体温度，同时提高神经系统的兴奋性，以达到提高运动表现及预防损伤的目的。大量的研究表明，伤病的发生多由准备活动的不充分所致。作为运动训练的第一环节，如何设计准备活动，准备活动应包括哪些方面的内容，达到什么效果，还需进一步深入研究。

身体运动功能训练是当前先进的训练理念之一，身体运动功能训练是在一定负荷和速度条件下进行的各种递增式、多关节、多平面和本体感受性融为一体的专门动作训练体系。该体系以FMS（Functional Movement Screen）测试作为训练的切入点，以动作模式训练为主要内容，以提高动力链传递效能为核心，以提高或改进运动员在场上运动表现能力为目标。通过身体运动功能训练来提高运动员的运动表现及预防运动损伤，已被世界很多高水平运动员所认可。相关研究证明，身体运动功能训练中的准备活动环节较传统的关节牵拉更有利于提高优秀运动员的关节活动度及运动表现，动态拉伸较静态拉伸更有助于提高优秀运动员的运动表现。准备活动中将动态拉伸与弹力带结合对运动表现提升效果明显，并提出弹力带练习的动作模式应与专项动作相结合。身体运动功能训练准备活动方法设计中，应结合专项特征，加入多方向：直线（向前向后）、侧向（向左向右）练习。FMS是评价身体运功功能的有效手段，身体运动功能与伤病发生率存在相关性，通过矫正训练提升身体运动功能可有效降低运动损伤发生率。综上所述，通过身体运动功能训练相关原理及方法，结合专项训练特征，将身体运动功能训练中的软组织按摩、动态拉伸、肌肉激活、多方向运动等方式运用到准备活动的设计中，可提升运动员的运动表现并降低运动损伤发生率。

田麦久基于训练学的角度认为准备部分是为完成主要部分的技术动作提供最有利的身体条件，包括与基本部分技术动作方向一致或不一致的各种预备姿势和准备性的练习动作，是提高和恢复人体工作能力的一种措施。王瑞元等基于生理学的角度认为，准备活动是训练与体育教育中克服身体器官生理惰性的一种体育锻炼，旨在缩短身体进入工作的时间，防止运动创伤，以准备剧烈的运动或竞赛。Swanson从准备活动自身出发，认为良好的准备活动应让运动员从身心两方面为接下来的训练及比赛做好准备。综上，优秀的准备活动设计应以最高效的方式为接下来的训练及比赛做好身心准备，以达到为高水平的运动表现做准备及预防损伤的目的。

根据准备活动目标，身体运功功能训练准备活动设计中应结合专项特征，从提高运动表现及预防运动损伤两方面着手，见图4-1。提升运动表现方面，需从生理、心理、专项方面做好准备。生理方面，提升心率、肌肉血流量和身体温度等，以克服身体器官的生理惰性，缩短进入工作的时间；心理方面，提升神经系统的激活状态，提升注意力及训练/比赛心理准备，以调整好训练/比赛前心理状态，快速进入训练/比赛心理模式；专项方面，拉伸专项主导肌群及激活小肌肉群，加强主要关节的平衡稳定性，模拟专项主要动作模式及技战术动作，以完美衔接准备活动及接下来的训练/比赛。预防损伤方面，主要针对专项常见伤病（膝关节、肩关节、腰部等）及改善身体运动功能（灵活性、稳定性、不对称性等）状态，并结合运动员的个体特征，以减少专项训练及身体运动功能能力不足引起的损伤。

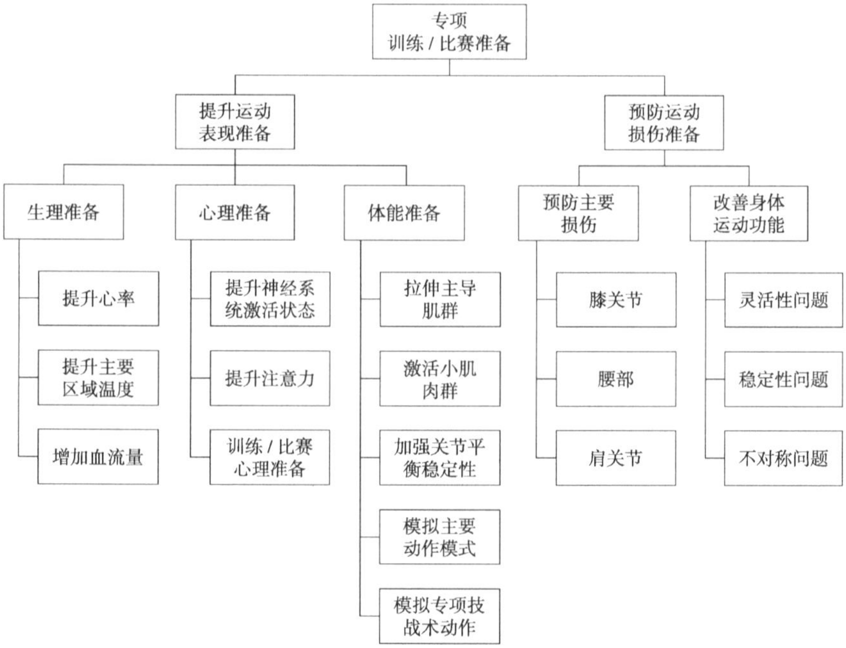

图4–1　专项训练/比赛准备活动设计

根据准备活动的目标——提升运动表现及预防运动损伤，可将身体运动功能训练中的准备活动主要分为两部分，即预康复（Prehabilitation）与动作准备（Movement preparation），准备活动目标及方法见表4–1。预康复主要目标是为预防运动损伤做准备，动作准备旨在提升运动表现。

表 4–1 准备活动主要方法表

目标		方法
预康复	预防运动损伤	专项伤病预防练习
	改善身体运动功能	运动功能矫正练习
动作准备	生理准备（提升心率、血流量、温度等）	慢跑、游戏、球类等
	专项准备（拉伸主导肌群）	动态拉伸
	专项准备（激活肌群）	肌肉激活
	专项准备（加强关节平衡、稳定）	动态拉伸、肌肉激活
	专项准备（一般动作模式准备）	动作整合
	专项准备（专项动作模式准备）	动作整合
	心理准备（提升神经系统激活状态）	神经激活
	心理准备（提升注意力、赛前心理）	冥想、心理暗示、深呼吸等

第一节 预康复

预康复来源于康复训练（Rehabilitation），旨在为预防运动损伤做准备。预康复训练主要针对专项常见伤病及功能动作筛查中出现的灵活性、稳定性不足及不平衡问题。预康复主要目标是为预防运动损伤、改善身体运动功能做准备，主要有专项伤病预防练习和运动功能矫正练习两种方法。

以轮椅冰壶项目为例，轮椅冰壶运动员由于专项动作中经常需要肩关节做重复掷壶向前的动作，该动作常会引起肩关节的劳损、损伤。为了预防肩关节的损伤，准备活动练习中需加入肩关节专项伤病预防练习。

（一）正反绕肩

目标肌肉：肩袖肌群。

练习方法：运动员选择舒适或恰当的姿势坐好，挺胸、抬头、背部收紧，两手手指分别按于两侧锁骨远侧端，以肩关节为轴同时做上下回旋动作。回到初始位置，重复，见图4–2。

数量与组次：8 — 12次；2 — 3组。

间歇时间：10 — 15秒。

图4–2

（二）扶肩绕环

目标肌肉：肩袖肌群。

练习方法：运动员选择舒适或恰当的姿势坐好，挺胸、抬头、背部收紧，两手手指分别按于两侧锁骨远侧端，以肩关节为轴做一侧向前一侧向后动作。回到初始位置，换对侧重复，见图4–3。

数量与组次：8 — 12次；2 — 3组。

间歇时间：10 — 15秒。

图4–3

（三）弹力带上下回旋

目标肌肉：肩袖肌群。

练习方法：运动员选择舒适或恰当的姿势坐好，挺胸、抬头、背部收紧，双手紧握弹力带两端，将弹力带从胸前下方举至头顶再到背后，做肩部上下回旋动作。回到初始位置，重复，见图4–4。

数量与组次：8 — 12次；2 — 3组。

间歇时间：10 — 15秒。

图4–4

（四）弹力带肩绕环

目标肌肉：肩袖肌群。

练习方法：运动员选择舒适或恰当的姿势坐好，挺胸、抬头、背部收紧，双手紧握弹力带两端，将弹力带从身体侧方绕至背后再达到身体另一侧。回到初始位置，重复，见图4–5。

数量与组次：8 — 12次；2 — 3组。

间歇时间：10 — 15秒。

图4–5

（五）迷你带–直臂胸前开合

目标肌肉：肩部肌群。

练习方法：运动员选择舒适或恰当的姿势坐好，挺胸、抬头、背部收紧，双臂伸直做水平前屈动作，将迷你带套在腕部或手掌上，两臂同时或单臂向外拉迷你带，回到初始位置，见图4–6。

数量与组次：5—10次；2—3组。

间歇时间：10—15秒。

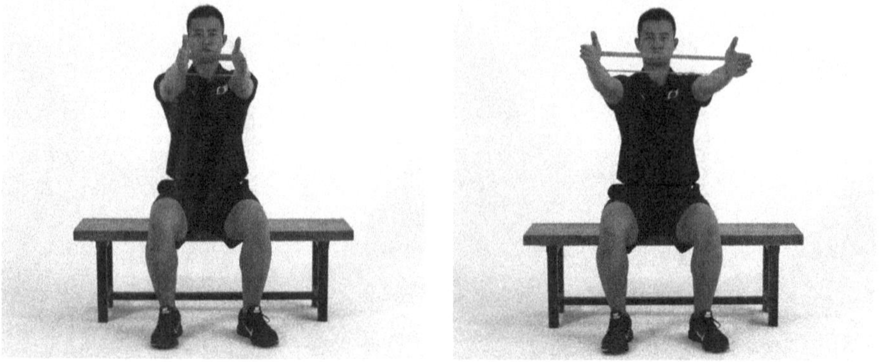

图4–6

（六）小哑铃直臂外展画圈

目标肌肉：肩袖肌群。

练习方法：运动员选择舒适或恰当的姿势坐好，挺胸、抬头、背部收紧，双臂持小哑铃侧平举，做画圈动作。重复以上步骤，完成规定次数，见图4–7。

数量与组次：4—6次；2—3组。

间歇时间：10—15秒。

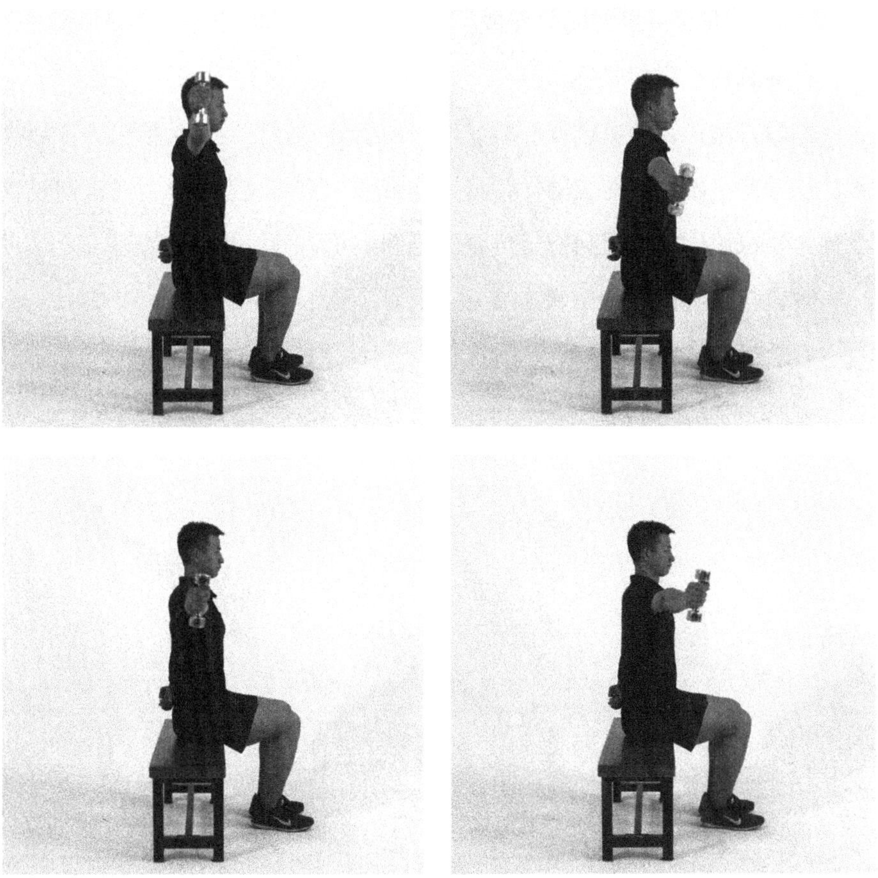

图4–7

（七）肩关节T/Y/W

目标肌肉：肩袖肌群、背部肌群。

练习方法：运动员选择舒适或恰当的姿势坐好，身体稍前倾、背部收紧。T：双臂与地面保持水平，形似大写字母T，拇指向后，缩肩胛骨，后振；Y：双臂斜45°上举，形似大写字母Y，拇指向后，缩肩胛骨，后振；W：屈肘（肘关节角度<90°），形似大写字母W，拇指向后，形似大写字母W，缩肩胛骨，后振。回到初始位置，重复，见图4–8。

数量与组次：8 — 12次；2 — 3组。

间歇时间：10 — 15秒。

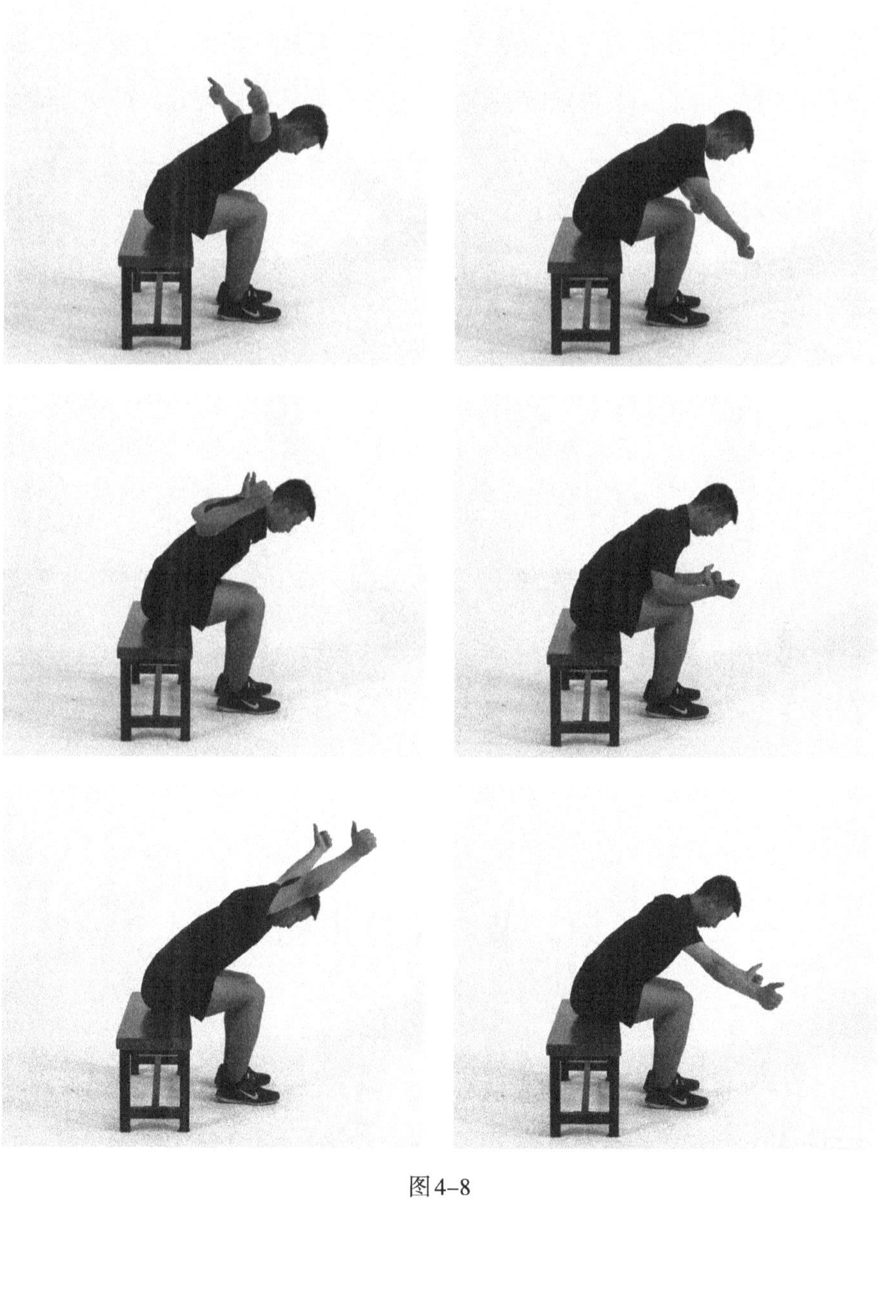

图4–8

（八）弹力带后伸

练习目标：肩部肌肉。

练习方法：运动员选择舒适或恰当的姿势坐好，将弹力带一端固定在适当位置，双手紧握弹力带两侧，掌心向后，挺胸、抬头、背部挺直，保持手臂伸直，以肩关节为轴做手臂后伸动作。回到初始位置，重复，见图4–9。

数量与组次：8—12次；2—3组。

间歇时间：10—15秒。

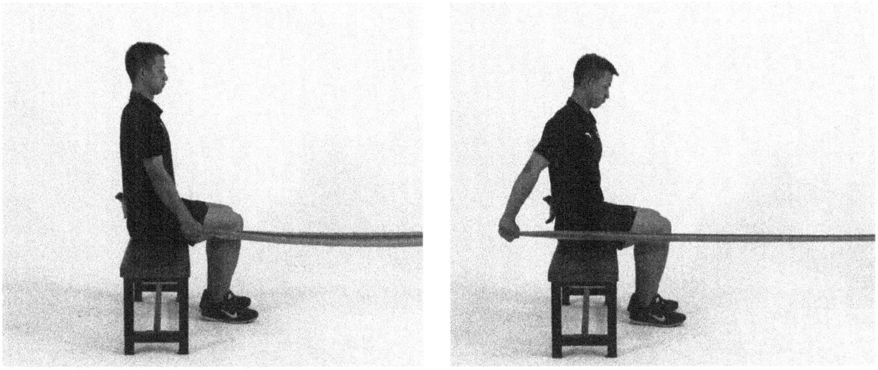

图4–9

第二节 动作准备

动作准备旨在提升运动表现目标，身体运动功能训练中，动作准备主要包括4个环节，动态拉伸（Dynamic Stretches）、肌肉激活（Muscle Activation）、动作整合（Movement Integration）、神经激活（Neural

Activation）。

（一）动态拉伸

动态拉伸是相对静态拉伸而言，现阶段动态拉伸的概念还没有较为明确的界定，只是根据目标和方式的不同，提出准备活动中应多使用动态拉伸，结束部分多使用静态拉伸。并指出静态拉伸多为单关节、单平面、单肌群动作，多为拉伸加保持的动作模式，相对静态；动作拉伸多为多关节、多平面、多肌群动作，多为拉伸加肌肉运动，相对动态；另外，动态拉伸与静态拉伸相比，不仅包括拉伸肌肉步骤，而且还需在新的运动幅度上使用肌肉，为接下来的训练及比赛充分动员。

1. 扩胸运动振臂

目标肌肉：肩部肌群、胸部肌群。

练习方法：运动员选择舒适或恰当的姿势坐好，挺胸、抬头、背部收紧，手掌自然分开并屈肘，上臂与地面平行，交替做屈肘和直臂扩胸动作，见图4–10。

数量与组次：8 — 12次；2 — 3组。

间歇时间：10 — 15秒。

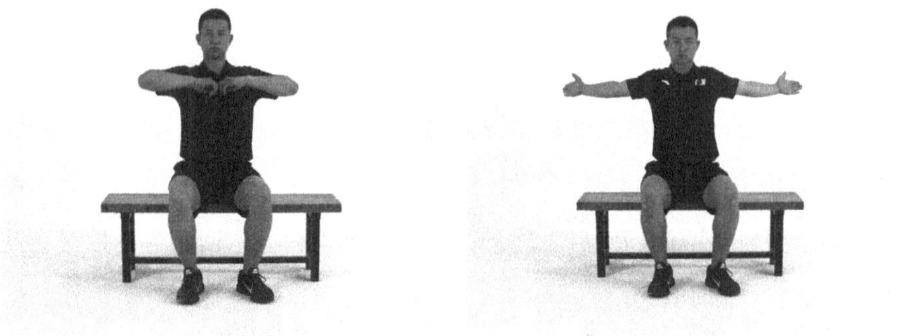

图4–10

2. 振臂运动

目标肌肉：肩部肌群、胸部肌群。

练习方法：运动员选择舒适或恰当的姿势坐好，挺胸、抬头、背部收紧，手掌自然分开，肘部自然弯曲，做一只手向上一只手向下交替向后振臂动作，见图4–11。

数量与组次：8 — 12次；2 — 3组。

间歇时间：10 — 15秒。

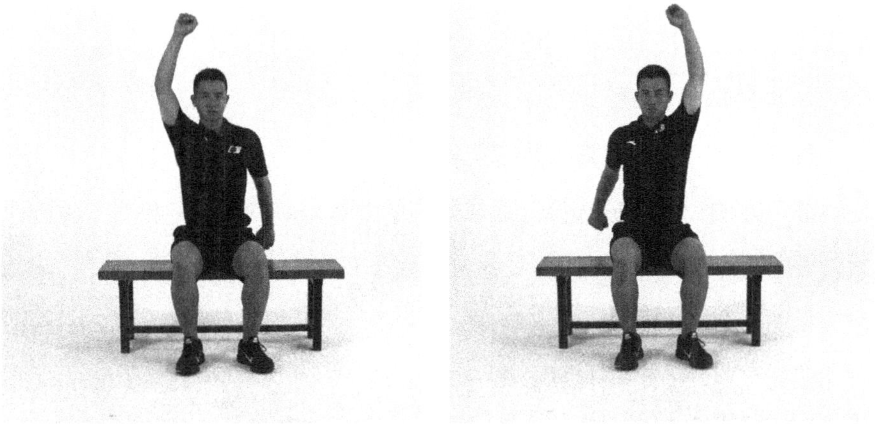

图4–11

3. 坐姿左右转体

练习目标：拉伸腰部肌群、背部肌群，提高关节活动度。

练习方法：运动员选择舒适或恰当的姿势坐好，挺胸、抬头、背部收紧，一侧手放在对侧膝盖上，另一只手水平前屈，五指张开，大拇指朝上，眼睛跟着手臂向同侧后方转动，转至身体正后方，回到起始位置。左右侧重复，见图4–12。

数量与组次：8 — 12次 ；2 — 3组。

间歇时间：10 — 15秒。

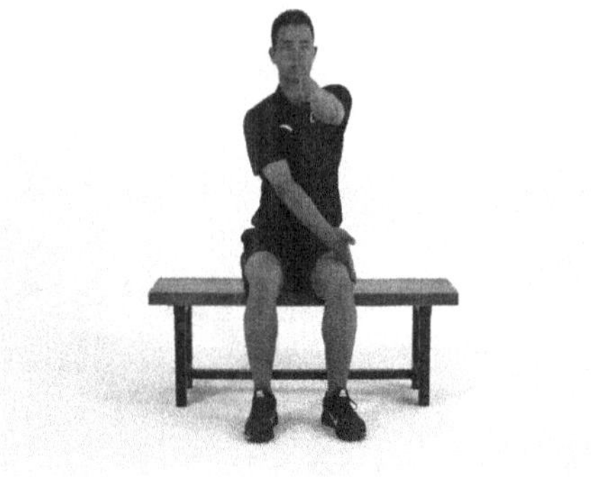

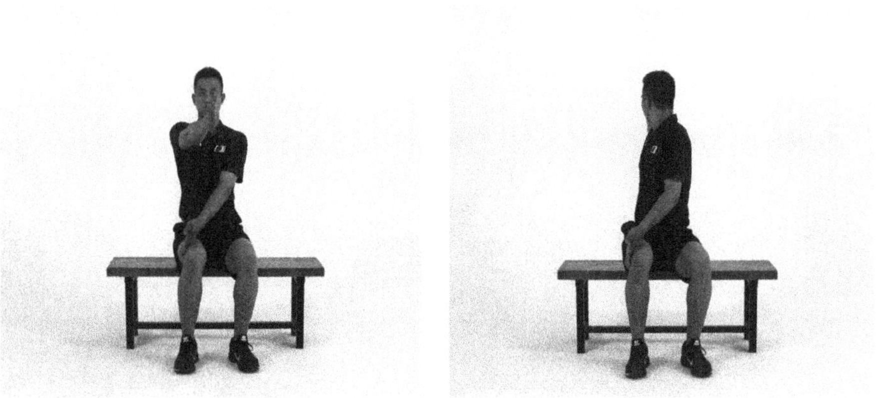

图4–12

4. 坐位体前屈

练习目标：拉伸背部肌群，提高关节活动度。

练习方法：运动员呈坐姿，保持髋、肩、颈在一条直线上，收腹挺胸，双眼目视前方，随后双手尽力向前推出，重复，每组5—8个，2—3组，间歇45秒，见图4–13。

数量与组次：8—12次；2—3组。

间歇时间：10—15秒。

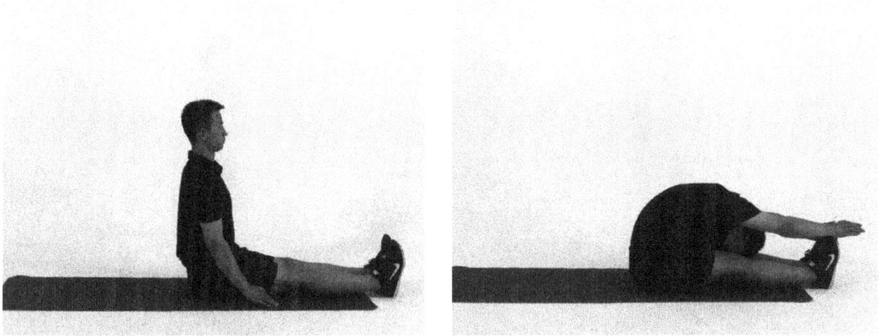

图4–13

5. 躯干侧屈

练习目标：拉伸腰方肌，提高关节活动度。

练习方法：运动员选择舒适或恰当的姿势坐好，一支手臂上举与耳朵平行，另一只手放在同侧骨盆上，身体向同侧倾斜，两侧交替进行。重复，每组5—8个，2—3组，间歇45秒，见图4–14。

数量与组次：8—12次；2—3组。

间歇时间：10—15秒。

图4–14

6. 背阔肌拉伸

练习目标：拉伸背阔肌，提高关节活动度。

练习方法：运动员面对墙壁，选择舒适或恰当的姿势坐好，双臂伸直斜上举放置墙面，使身体倾斜≤45°，头部向下，手部固定不动，躯干保持正直，躯干向下压。重复，每组5—8个，2—3组，间歇45秒，见图4–15。

数量与组次：8—12次；2—3组。

间歇时间：10—15秒。

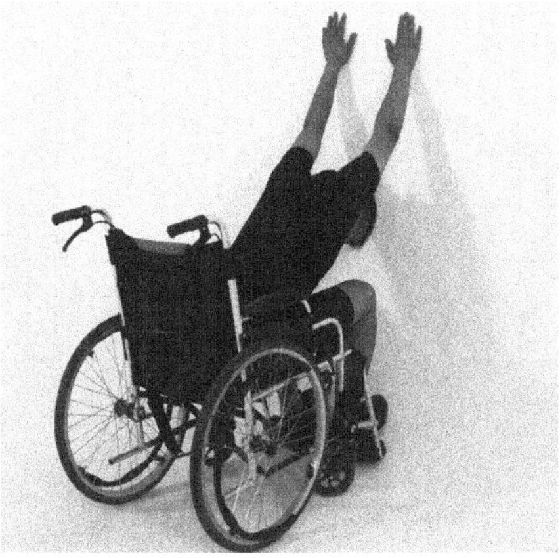

图4–15

（二）肌肉激活

肌肉激活是相对肌肉非激活而言。训练实践中，非激活肌群主要包括臀大肌、肩胛骨周围小肌群等。臀大肌主导髋关节完成伸和旋外动作，是运动表现提升的主要肌力来源，但由于轮椅冰壶运动员下肢运动能力丧失，故臀部激活动作在训练中涉及较少；肩胛骨周围小肌群主要指斜方肌、菱形肌等，主导肩胛骨向内向下运动，以避免肩关节功能异常带来的动作模式代偿及劳损；准备活动中，根据专项特点，打开非激活状态肌群的“开关”，对接下来训练及比赛有重要的作用。如准备活动中，肩关节T/Y/W练习激活肩胛骨周围小肌群等。

1. 肩胛骨小肌群练习

练习目标：激活肩胛骨周围肌群，提高肩部稳定性，降低运动风险。

练习方法：运动员做俯卧姿势准备，双臂伸直外展，与躯干呈90°，形成“T”字形或“Y”字形，双手半握，大拇指向上；双侧肩胛骨向内向下收紧，双臂抬起2—3厘米，保持3—5秒；回到准备姿势，见图4–16。

动作要领：颈部放松，大拇指向上，肩胛骨小肌群发力完成动作。

易犯错误：颈部紧张，发力部位不正确。

图4–16

2. 迷你带－直臂肩上开合

练习目标：激活肩部与背部肌群，提高肩部稳定性，降低运动风险。

练习方法：运动员选择舒适或恰当的姿势坐好，挺胸、抬头、背部收紧，双臂上举并与两耳平行，将迷你带套在腕部或手掌上，两臂同时或单臂向外拉迷你带，回到初始位置。重复，8—12次；2—3组，间歇30—45秒，见图4–17。

动作要领：躯干保持正直，手臂与耳朵平行。

易犯错误：手臂未与地面垂直，发力部位不正确。

图4–17

3. 迷你带－肩外旋

练习目标：激活肩胛骨周围肌群，提高肩部稳定性，降低运动风险。

练习方法：运动员选择舒适或恰当的姿势坐好，挺胸、抬头、背部收紧，双手紧握迷你带，肘关节呈90°，大臂与上体贴紧，双臂同时或单臂将迷你带向两侧拉做肩部外旋动作。回到初始位置。重复，8—12次；

2—3组，间歇30—45秒，见图4-18。

动作要领：躯干保持正直，上臂贴紧躯干，肩胛骨内收带动手臂运动。

易犯错误：上臂未贴紧躯干，发力部位不正确。

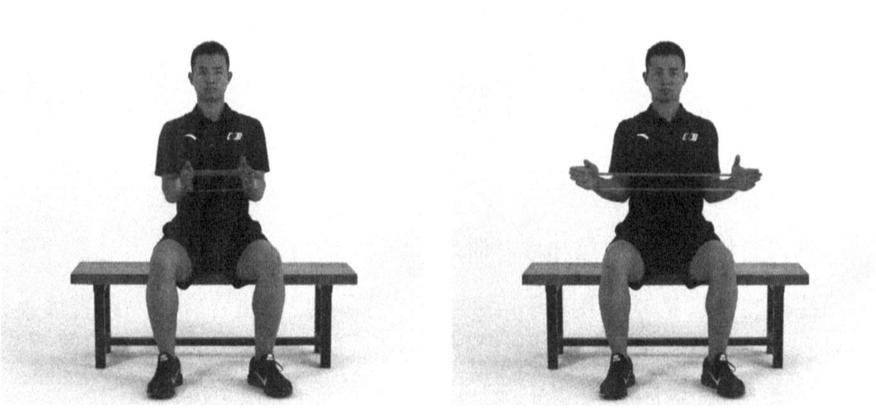

图4-18

4. 肘膝支撑

练习目标：激活肩部和核心肌群，降低运动风险。

练习方法：运动员俯卧于体操垫上，两膝并拢撑于地面，两肘弯曲置于垫子上，臀大肌保持收紧。同时，颈椎、脊柱、髋、膝关节始终保持在一条直线上。每组做30—60秒，2—3组，间歇30—45秒，见图4-19。

动作要领：臀大肌始终保持收紧状态，不要出现低头或抬头动作。一旦出现身体颤动，教练员要及时停止该练习，避免出现肌肉代偿动作。

易犯错误：耳、肩、髋没有处于同一直线；塌腰、身体晃动等问题。

图4–19

5. 侧桥

练习目标：激活肩部和核心肌群，降低运动风险。

练习方法：运动员用单臂手肘支撑，要求膝、髋、肩在一条直线上，另一只手抬起与地面垂直。不能出现低头、含胸、屈髋等错误动作。同时，运动员要注意保持腹内外斜肌收紧。每组做30—60秒，2—3组，间歇30—45秒，见图4–20。

动作要领：动作过程中不能出现屈髋现象，臀大肌始终保持收紧状态。

易犯错误：耳、肩、髋、踝没有处于同一直线；身体晃动等问题。

图4–20

（三）动作整合

动作整合是根据训练及比赛的需求，模拟一般动作及专项动作模式，速度由慢到快，练习方式由简单到复杂，旨在进一步加强动作模式的连贯性，动力链传递的高效及提升练习负荷，逐渐接近比赛需求。

1. 坐姿屈肘摆臂

练习目标：整合各关节用力效果，强化正确动作模式。

练习方法：运动员选择舒适或恰当的姿势坐好，挺胸、抬头、背部收紧，上肢摆动以肩关节为轴，肘屈前后摆动，半握拳或伸开手掌，前摆最高不超过下颚高度，肘角度73°—90°后摆约90°，大臂约与地面平行，手臂后摆肘关节角度有加大趋势重复，20—30次；2—3组，间歇30—45秒，见图4–21。

动作要领：躯干保持正直，以肩关节为轴前后摆臂，肘关节保持固定。

易犯错误：躯干晃动，肘关节未固定。

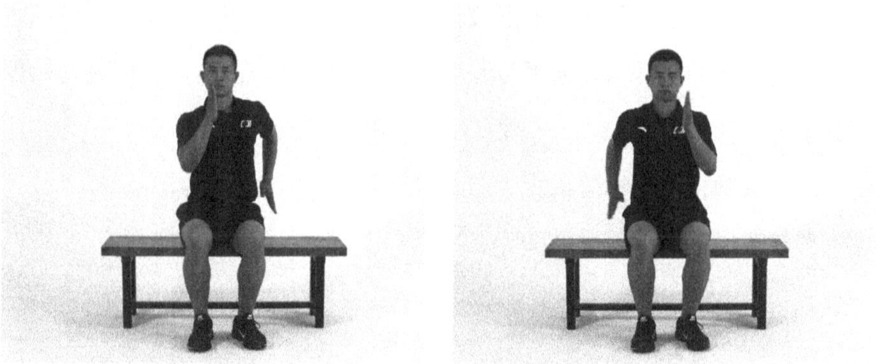

图4–21

2. 头上击掌

练习目标：整合各关节用力效果，强化正确动作模式。

练习方法：运动员选择舒适或恰当的姿势坐好，挺胸、抬头、背部收紧，双臂伸直水平外展，双手同时内收在头部上方击掌并与两耳平行，回到初始位置。重复，20—30次；2—3组，间歇30—45秒，见图4–22。

动作要领：躯干保持正直，击掌时双臂贴紧耳朵。

易犯错误：击掌时手臂未与地面垂直，肘部未伸直。

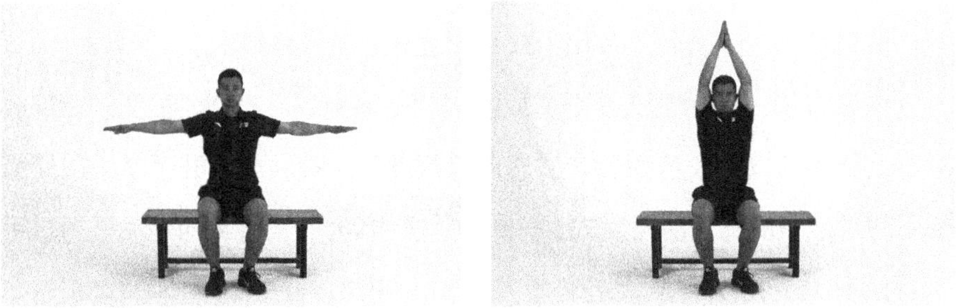

图4–22

3. 胸前击掌

练习目标：整合各关节用力效果，强化正确动作模式。

练习方法：运动员选择舒适或恰当的姿势坐好，挺胸、抬头、背部收紧，双臂前屈伸直并与地面平行，双手同时内收在胸前击掌，回到初始位置。重复，20—30次；2—3组，间歇30—45秒，见图4–23。

动作要领：躯干保持正直，肘关节伸直。

易犯错误：躯干前后晃动。

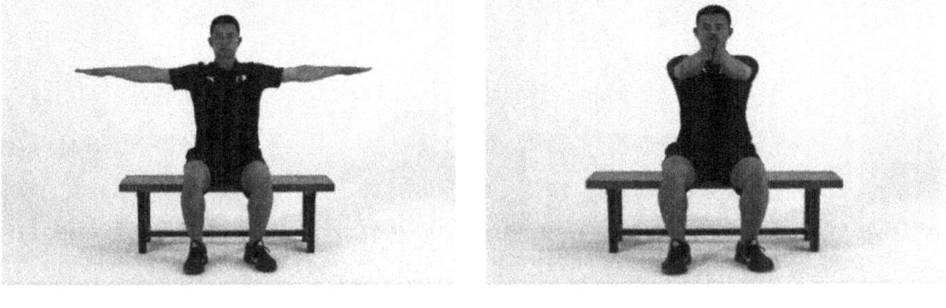

图4–23

4. 弹力带专项投壶

练习目标：整合各关节用力效果，强化正确动作模式。

练习方法：运动员选择舒适或恰当的姿势坐好，将弹力带一头固定，一侧用手抓住弹力带适当的位置，挺胸、抬头、背部收紧，保持腕部在中立位，将弹力带向前方推出。回到初始位置，换对侧手继续进行，重复，8—12次；2—3组，间歇30—45秒，见图4–24。

动作要领：躯干保持正直、目视前方。

易犯错误：身体晃动、塌腰、弓背。

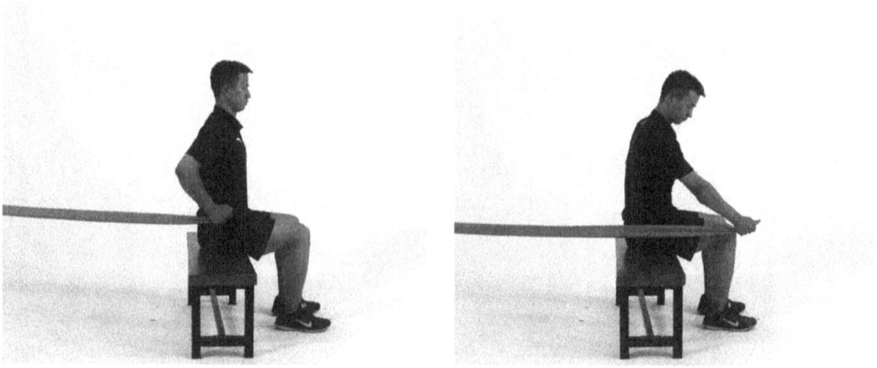

图4–24

（四）神经激活

神经激活是通过运动员在短时间内高频率的动作来快速提高神经系统的兴奋性及激活状态，增加神经—肌肉之间的传导速度，使运动员的心理状态达到训练及比赛的要求。如通过高频率手臂上举练习等手段以提升练习强度及神经系统的兴奋性，使运动员的心理状态达到比赛需求。在赛前准备活动中，动作完成后也会设计冥想、心理暗示、深呼吸等稳定心理状态，理清思路，以无缝链接赛事。

1. 快速摆臂

练习目标：激活神经系统，提高神经系统兴奋性。

练习方法：运动员选择舒适或恰当的姿势坐好，挺胸、抬头、背部收紧，上肢摆动以肩关节为轴，肘屈前后摆动，半握拳或伸开手掌，前摆最高不超过下颚高度，肘角度73°—90°后摆约90°，大臂约与地面平行，手臂后摆肘关节角度有加大趋势，逐渐增加至最快速度。重复，做至规定时间；2—3组，间歇30—45秒，见图4–25。

动作要领：躯干保持正直，以肩关节为轴前后摆臂，肘关节保持固定。

易犯错误：躯干晃动，肘关节未固定。

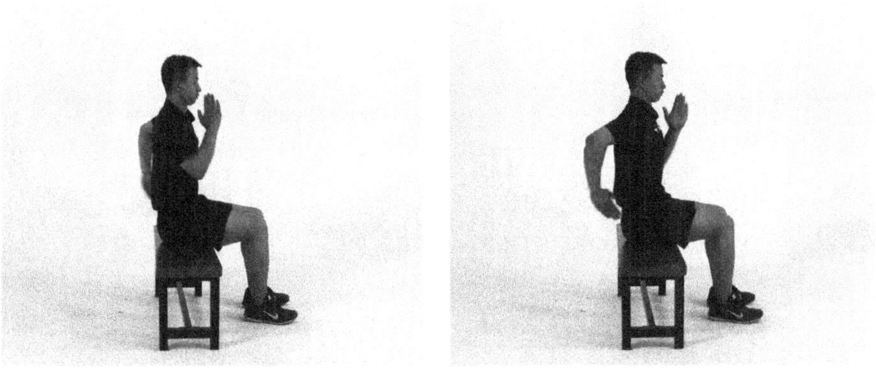

图4–25

2. 快速冲拳（交替）

练习目标：激活神经系统，提高神经系统兴奋性。

练习方法：运动员选择舒适或恰当的姿势坐好，挺胸、抬头、背部收紧，上肢双臂交替快速向前出拳。重复，做至规定时间；2—3组，间歇30—45秒，见图4–26。

动作要领：躯干保持正直，向正前方冲拳，冲拳时肘关节伸直。

易犯错误：躯干晃动，肘关节未完全伸直。

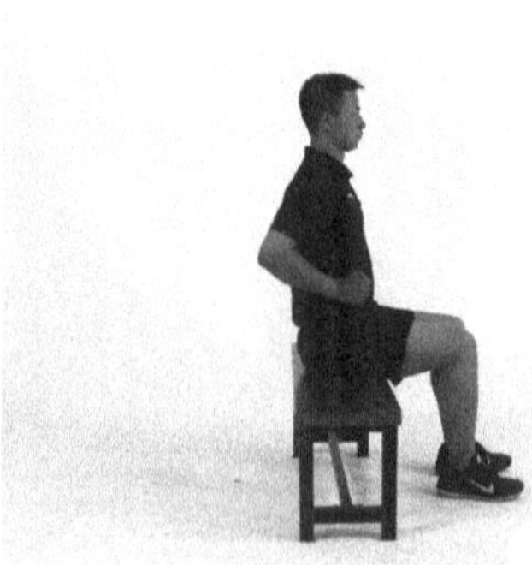

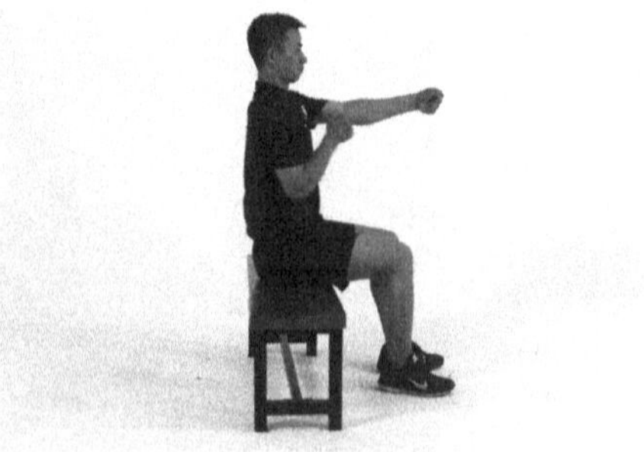

图4–26

3. 快速冲拳（同步）

练习目标：激活神经系统，提高神经系统兴奋性。

练习方法：运动员选择舒适或恰当的姿势坐好，挺胸、抬头、背部收紧，上肢双臂同时快速向前出拳。重复，做至规定时间；2—3组，间歇30—45秒，见图4–27。

动作要领：躯干保持正直，向正前方冲拳，冲拳时肘关节伸直。

易犯错误：躯干晃动，肘关节未完全伸直。

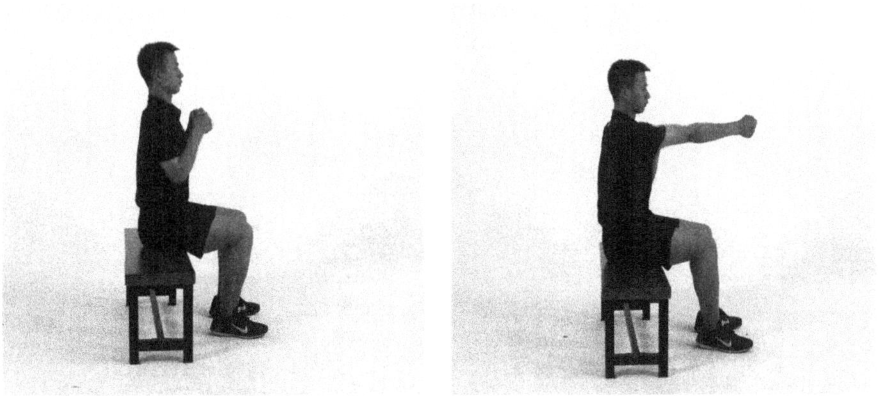

图4-27

4. 上肢动作组合

练习目标：激活神经系统，提高神经系统兴奋性。

练习方法：运动员选择舒适或恰当的姿势坐好，挺胸、抬头、背部收紧，练习者双臂依次完成上举、前平举、侧平举动作。重复，做至规定时间；2 — 3组，间歇30 — 45秒，见图4-28。

动作要领：躯干保持正直，做动作时肘关节伸直。

易犯错误：躯干晃动，动作不协调，肘关节未完全伸直。

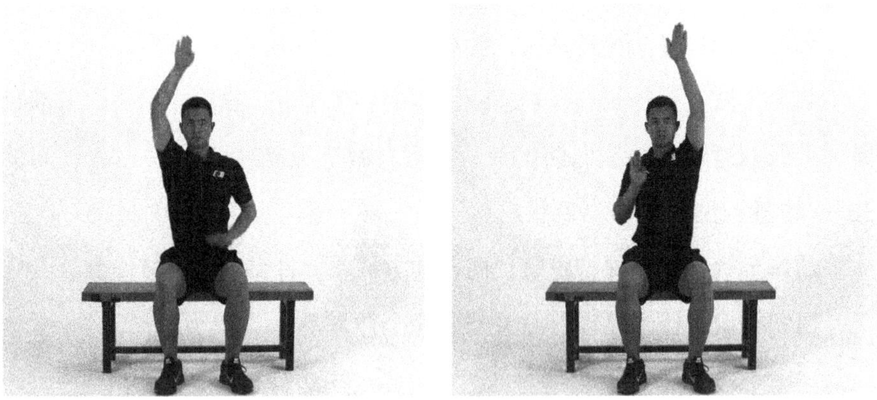

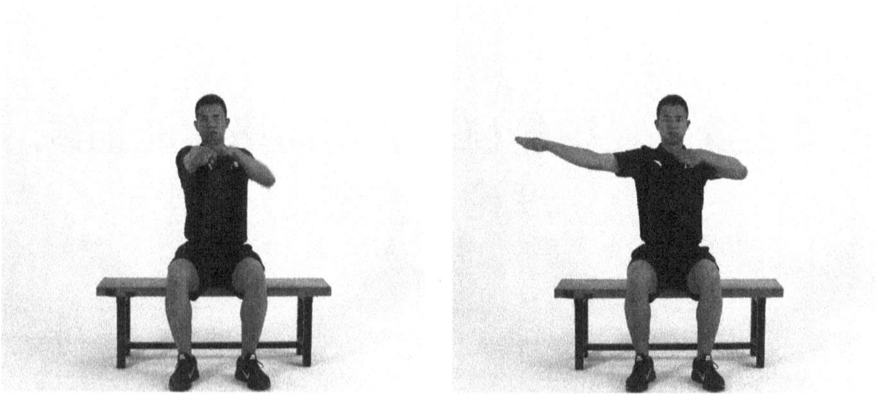

图4–28

第五章　我国轮椅冰壶运动员体能训练理论与方法

轮椅项目属于技能主导类表现准确性项目，比赛结果一方面取决于自身竞技能力的发挥，另一方面也受对手竞技能力的影响。如何在体能输出时将心理控制在相对稳定的范围，保障技战术的发挥并提高自身准确率，是比赛取胜的关键。轮椅冰壶体能训练包含力量、速度、耐力等内容，训练中需让体能训练的负荷、强度达到或高于专项比赛需求，动作模式尽可能与专项动作模式相一致。通过体能的提高，使轮椅冰壶运动员能够承受大负荷训练和高强度比赛，从而在训练和比赛中保持稳定、良好的心理状态，以预防伤病，提高运动表现。

第一节　轮椅冰壶运动员力量训练

力量素质是人体重要的基本素质之一，是指人体肌肉工作时克服阻力的能力。根据力量素质与运动专项的关系，可将力量分为一般力量与专项力量；根据力量素质与运动员体重的关系，可将力量分为绝对力量与相对力量；根据完成不同体育活动所需力量素质的不同特点，可将力量分为最大力量、快速力量和力量耐力。力量训练的目标是通过结合专项动作模式及负荷等特征的力量训练，以提高运动员的运动表现，且有效预防运动损伤。轮椅冰壶属于技能主导类项目，由于该项目参赛运动员下肢残疾，轮椅冰壶的力量训练主要结合运动员专项特点及个人特点，进行上肢力量训练、核心区力量训练及整合训练。

一、上肢力量训练

（一）引体向上

练习目标：加强背部肌肉力量，主要是背阔肌肌肉力量 。

练习方法：运动员呈坐姿坐于引体向上仪器正下方，双手紧握仪器两端手柄，双眼目视正前方，头颈中立位，腰背部挺直，做肘屈伸动作，屈肘角度≤ 90° 或头部下颌明显超过手柄高度，伸肘角度等于180°，且腰腹部无明显晃动，重复，见图5–1。

动作要领：躯干保持稳定，背部主动发力，收肩胛骨。

易犯错误：身体晃动，上臂主动发力。

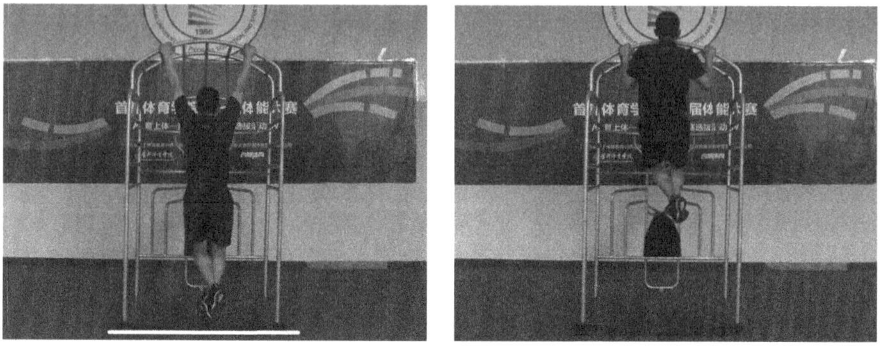

图5–1

（二）坐姿弹力带直臂下压

练习目标：加强背部肌肉力量，主要是背阔肌肌肉力量 。

练习方法：运动员呈坐立位，躯干微前倾，弹力带高位固定，双手紧握弹力带两端，双眼目视正前方，头颈中立位，腰背部挺直，下压时双肘固定伸直，手臂应尽量靠近腹部，抬起时手臂与水平面角度约为45°，重复，每组12个，4—6组，间歇45秒，见图5-2。

动作要领：躯干保持稳定，背部主动发力，手臂拉至腹部。

易犯错误：耸肩，塌腰，弓背，手臂未完全伸直。

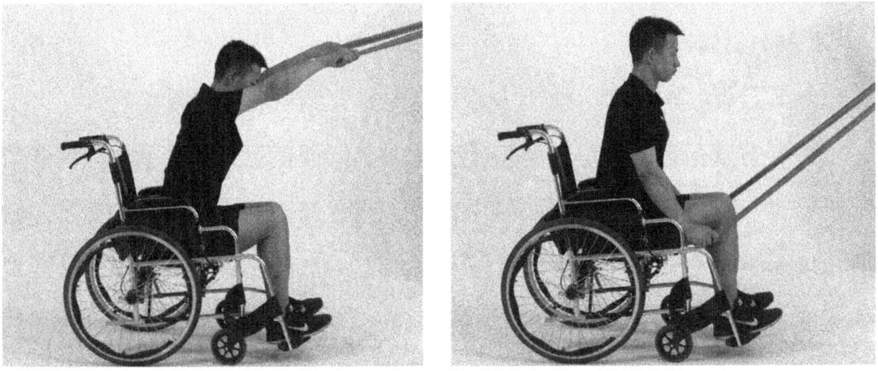

图5-2

（三）弹力带坐姿划船

练习目标：加强背阔肌肌肉力量。

练习方法：运动员呈坐姿将柄杆握于手中，双眼目视正前方，头颈中立位，腰背部挺直，随后做上臂伸、前臂屈模拟划船动作，柄杆拉回时双手应尽量贴近腹部，重复，见图5-3。

动作要领：躯干保持稳定，将柄杆拉向腹部，上臂紧贴躯干。

易犯错误：弓背，身体前倾，发力部位不正确。

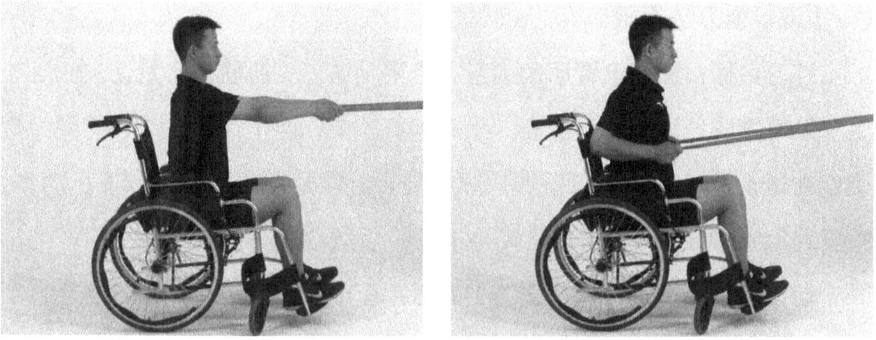

图5–3

（四）杠铃卧推

练习目标：发展上肢肌肉力量。

练习方法：运动员平躺在卧推凳上，屈膝，两脚分开着地，从杠铃架上握紧杠铃，握距稍宽于肩，使杠铃杆下降触及胸部，然后用力上推杠铃，直到肘部伸直，重复，见图5–4。

动作要领：杠铃杆必须触及胸部，推起后肘关节伸直但不要锁死。

易犯错误：在推起过程中臀部翘起或脚离地。

图5–4

（五）弹力带下压

练习目标： 加强上臂肌肉力量，主要是肱三头肌肌肉力量。

练习方法： 运动员呈坐姿，坐于训练凳上，躯干保持正直，将弹力带固定在运动员正上方，双手握住弹力带，上臂紧贴躯干做肘部下压动作。重复，每组12个，4—6组，间歇45秒，见图5-5。

动作要领： 躯干保持稳定，上臂紧贴躯干，控制离心速度。

易犯错误： 速度未控制，上臂未贴紧膝盖。

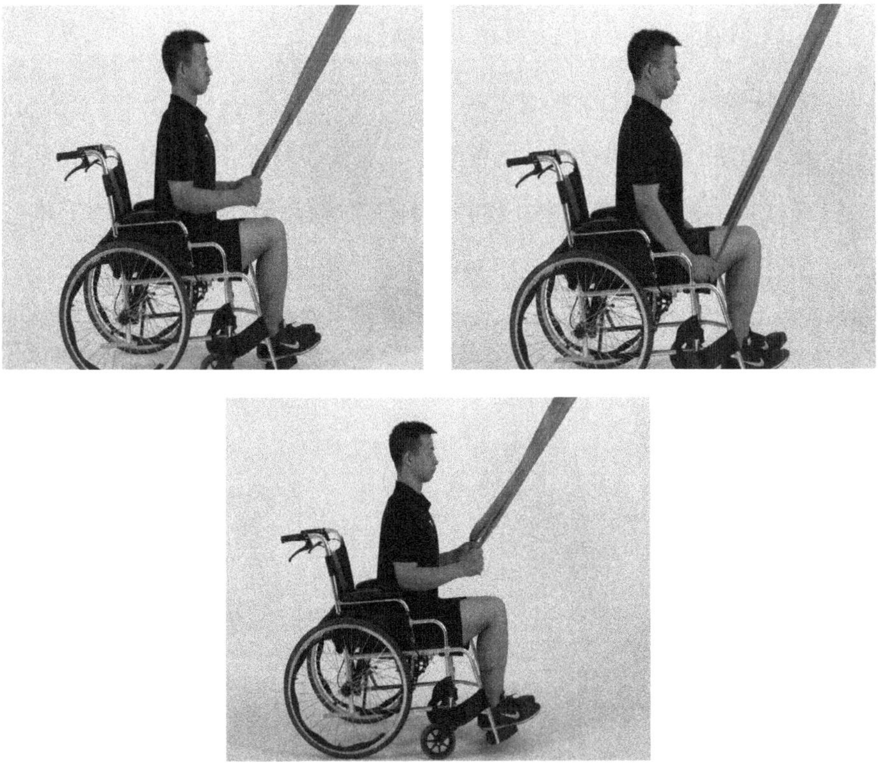

图5-5

（六）哑铃坐姿颈后屈伸

练习目标：发展上肢肱三头肌的肌肉力量。

练习方法：运动员呈坐姿将单个哑铃置于手中，双眼目视正前方，头颈中立位，腰背部挺直，手臂上举与地面垂直，逐渐下压脑后至肘关节趋于90°，然后直臂举起哑铃；还原至初始位置，见图5-6。

动作要领：动作分两部分完成，下压时肘关节保持90°；上举时肘关节伸直成180°，同时肩、背部收紧并保持稳定。

易犯错误：下压时速度过快；肘关节屈曲不足90°；上推时肘关节弯曲等情况。

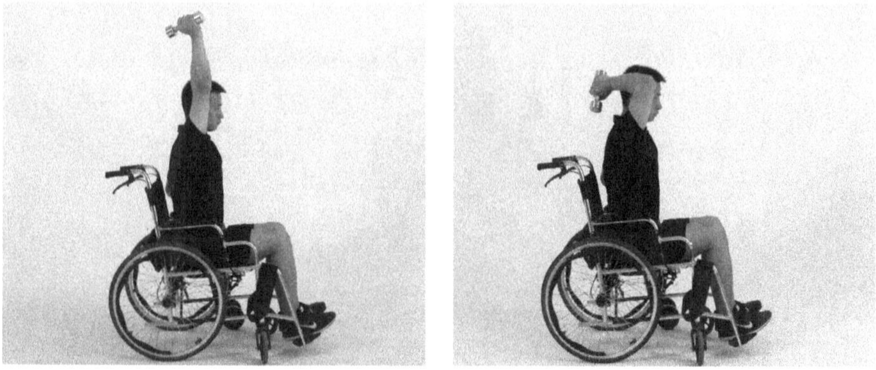

图5-6

（七）哑铃弯举

练习目标：加强上臂肌肉力量，主要是肱二头肌肌肉力量。

练习方法：运动员呈坐姿将哑铃置于双手中，双眼目视正前方，头颈中立位，腰背部挺直，上臂贴紧躯干，然后双手同时做肘关节屈–伸动作，每组12个，4—6组，间歇45秒，见图5-7。

动作要领：躯干保持稳定，大臂贴紧躯干。

易犯错误：腕部、上臂前后晃动，肘关节不能固定。

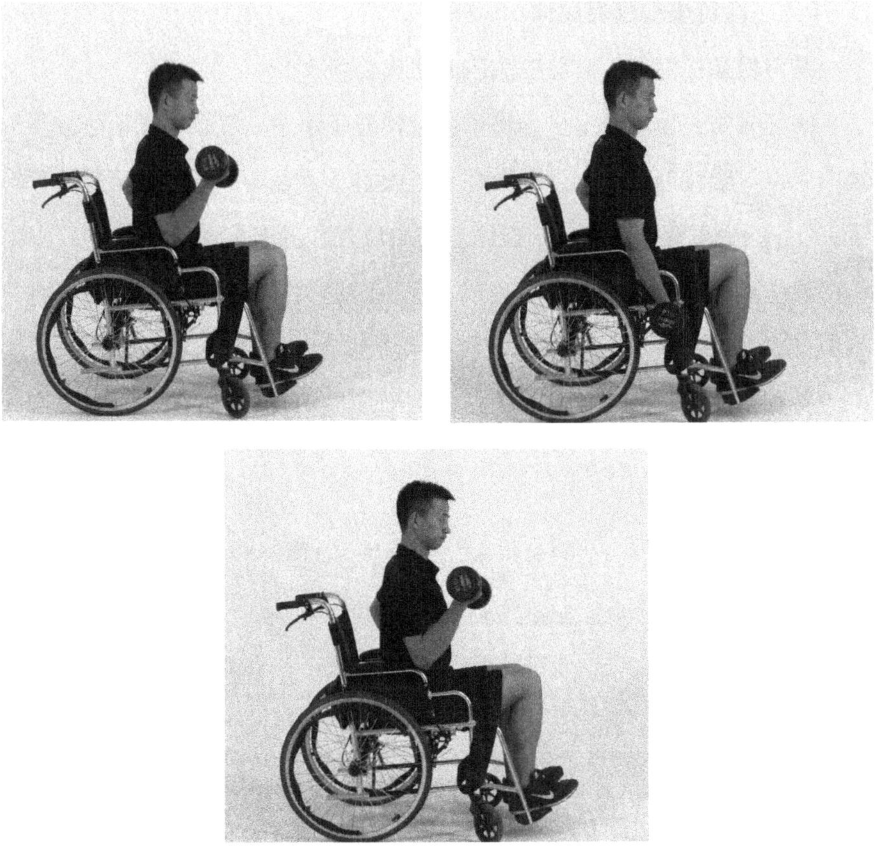

图5-7

（八）哑铃前平举

练习目标：加强肩部肌肉力量，主要是三角肌前束肌肉力量。

练习方法：运动员呈坐姿将哑铃置于手中，双眼目视正前方，头颈中立位，腰背部挺直，两臂自然下垂，然后双手同时将哑铃前平举至与地面平行高度，两掌心相对，回到初始位置。每组12个，4—6组，间歇45秒，见图5-8。

动作要领：躯干保持稳定，手臂前屈平行于地面。

易犯错误：身体晃动，耸肩。

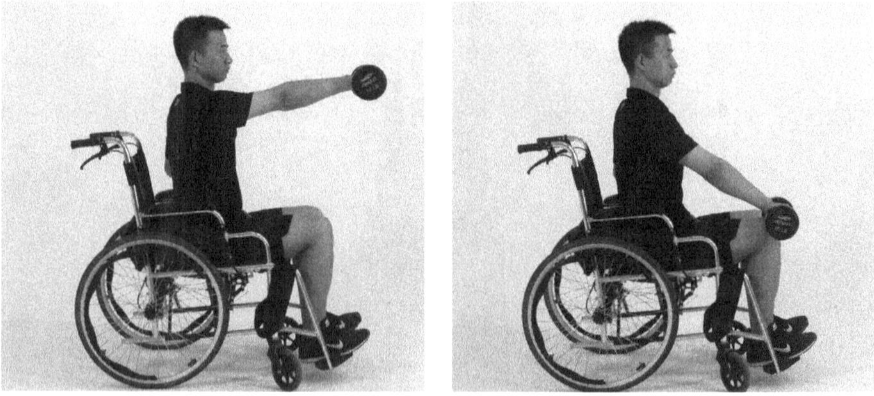

图5–8

（九）坐姿肩部推举

练习目标： 加强上肢肌肉力量，主要是三角肌。

练习方法： 运动员呈坐姿，身体竖直，双手持哑铃并将它们放在与肩部齐平的位置，手掌朝向前方，哑铃的手柄保持方向一致，并且平行于地面。上举哑铃，直到肘部完全伸直，向下时肘部屈曲，将哑铃降低到起始位置。重复，每组12个，4—6组，间歇45秒，见图5–9。

动作要领： 躯干保持稳定，肩部用力将哑铃推起。

易犯错误： 推起方向错误，身体晃动。

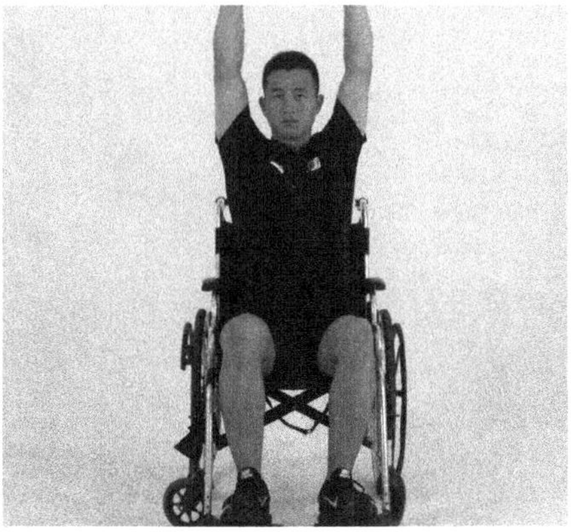

图5-9

（十）弹力带后拉

练习目标：加强肩部肌肉力量，主要是三角肌后束肌肉力量 。

练习方法：运动员呈坐姿坐于训练凳上，将弹力带固定于头部高度，弹力带两端置于手中，双眼目视正前方，头颈中立位，腰背部挺直，然后双手抬起高度与地面平行，随后做肩关节水平外展动作，重复，每组12个，4—6组，间歇45秒，见图5-10。

动作要领：躯干保持稳定，手肘高度与眉毛齐平。

易犯错误：身体晃动，手臂未与地面平行。

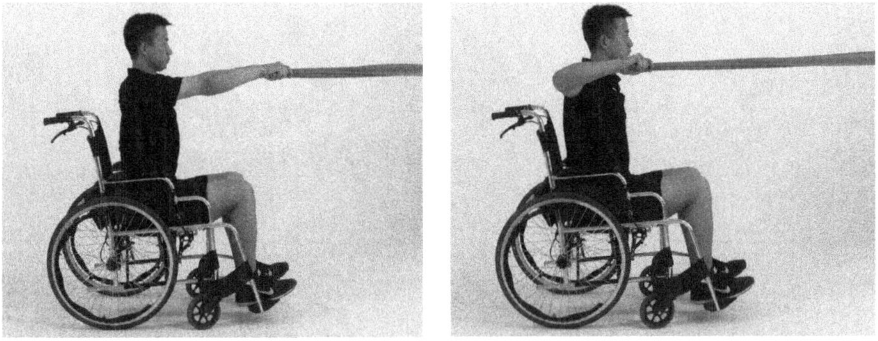

图5-10

（十一）哑铃俯身反向飞鸟

练习目标：加强菱形肌与斜方肌中束肌肉力量。

练习方法：运动员呈坐姿将哑铃置于手中，躯干俯身前倾，双臂水平外展并掌心朝下，双眼目视地面，收肩胛骨做水平外展动作，重复，每组12个，4—6组，间歇45秒，见图5-11。

动作要领：躯干保持稳定，手臂保持正直。

易犯错误：弓背，肘部弯曲。

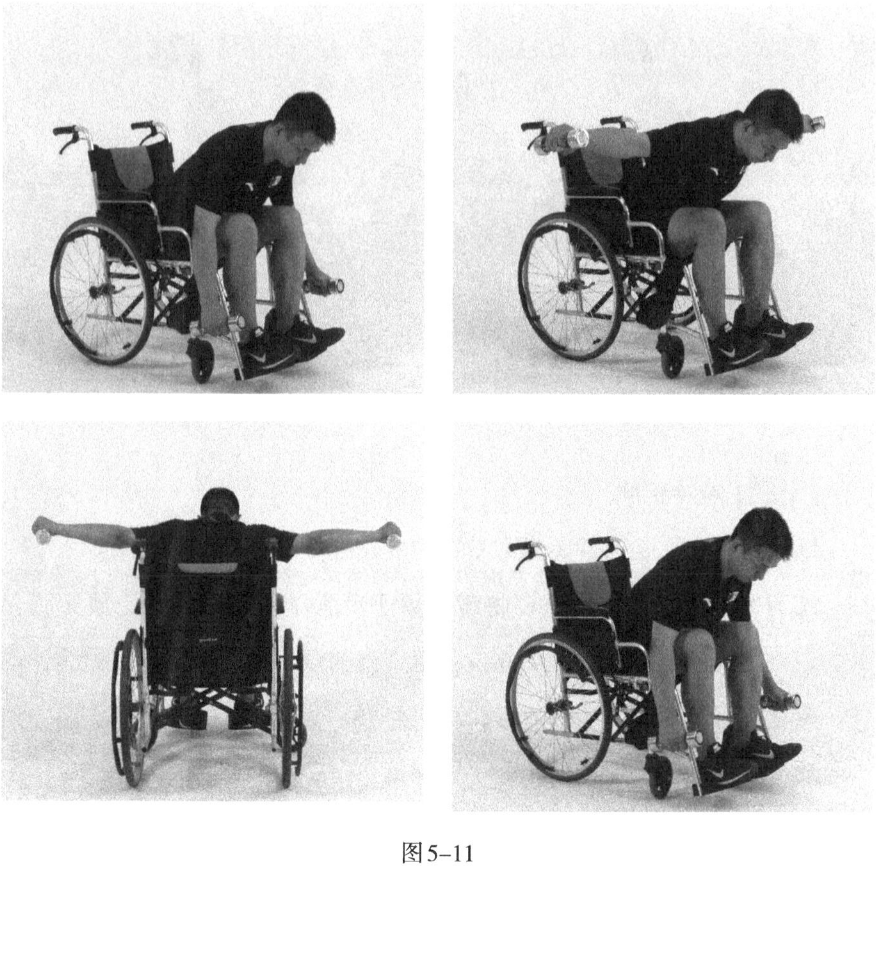

图5-11

（十二）哑铃腕屈

练习目标： 加强前臂肌肉力量，主要是腕屈肌群的肌肉力量。

练习方法： 运动员呈坐姿将哑铃置于单手中，放于膝盖处，掌心向上，双眼目视正前方，头颈中立位，躯干微前倾，然后单手同时做腕屈动作，重复，每组12个，4—6组，间歇45秒，见图5-12。

动作要领： 躯干保持稳定，手臂保持稳定并贴紧膝盖。

易犯错误： 前臂未贴紧膝盖。

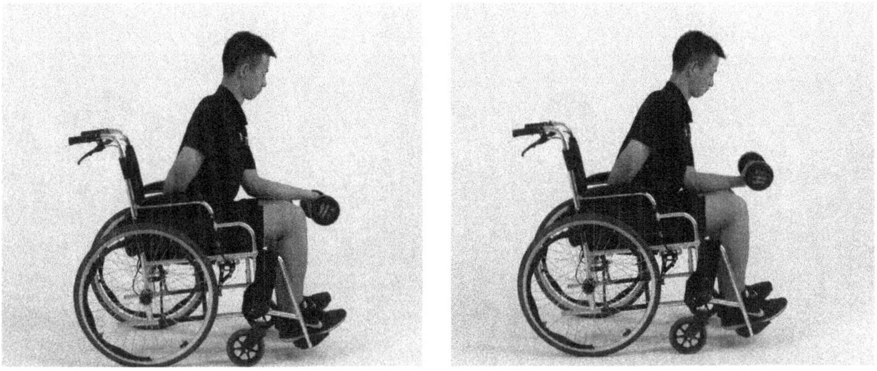

图5-12

（十三）哑铃腕伸

练习目标： 加强前臂肌肉力量，主要是腕伸肌群的肌肉力量。

练习方法： 运动员呈坐姿将哑铃置于单手中，掌心向下，放于膝盖处，双眼目视正前方，头颈中立位，躯干微前倾，然后单手同时做腕伸动作，重复，每组12个，4—6组，间歇45秒，见图5-13。

动作要领： 躯干保持稳定，手臂保持稳定并贴紧膝盖。

易犯错误： 前臂未贴紧膝盖。

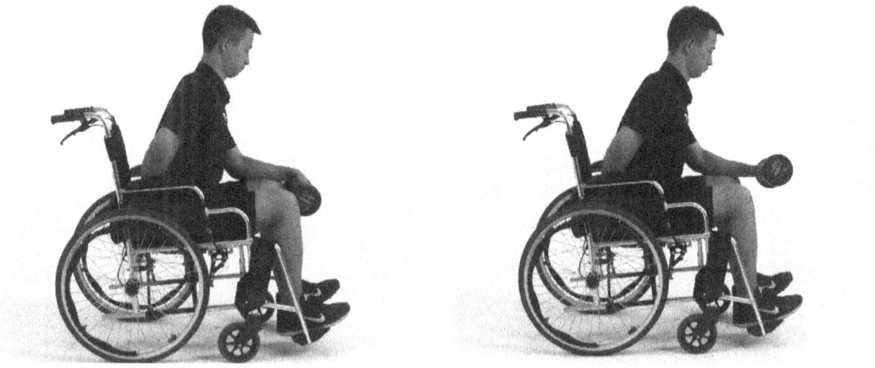

图5-13

（十四）哑铃手腕旋转

练习目标：加强前臂肌肉力量，主要是腕旋内旋外肌群的肌肉力量。

练习方法：运动员呈坐姿将哑铃置于单手中，放于膝盖处，双眼目视正前方，头颈中立位，躯干微前倾，然后单手同时旋内旋外动作，重复，每组12个，4—6组，间歇45秒，见图5-14。

动作要领：躯干保持稳定，手臂保持稳定。

易犯错误：手臂晃动，前臂未贴紧膝盖。

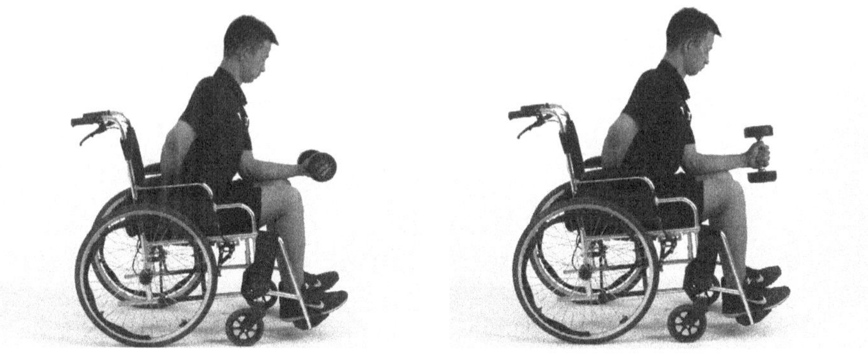

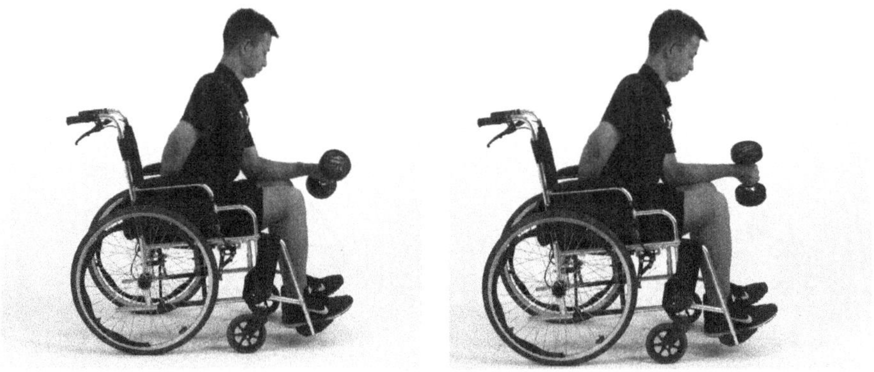

图5-14

（十五）弹力网手指力量练习

练习目标：发展手臂及手指手腕的肌肉力量与肌肉耐力。

练习方法：肘关节固定，利用手指训练网进行训练，见图5-15。

动作要领：肘关节固定，动作由手指发力完成。

易犯错误：发力肌群不正确，手臂不稳定等问题。

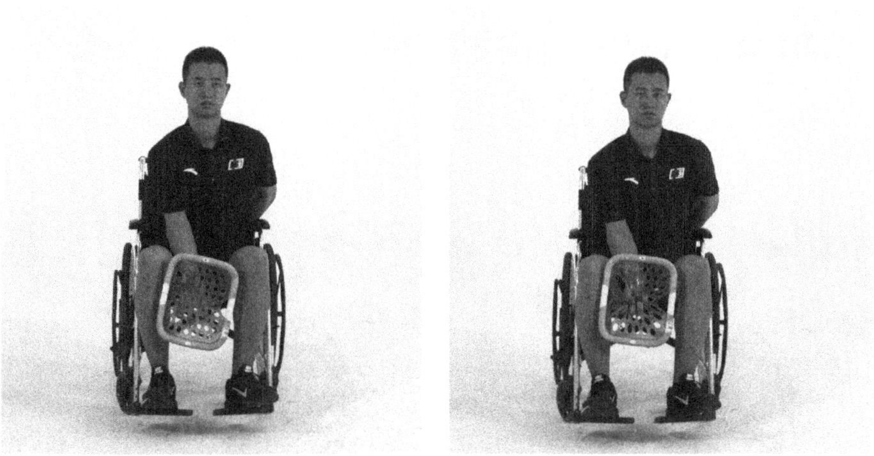

图5-15

二、核心区训练

核心区是“腰椎—骨盆—髋关节”形成的一个整体，其形状类似于一个圆柱形的“汽缸”，具体指膈肌以下盆底肌以上的中间区域，并包括附着在它周围的神经、肌肉、肌腱、韧带和骨骼系统，同时也受呼吸调节系统的影响和作用。它是人体的中间环节，是连接上下肢的纽带，是肢体运动的重要“发力源”，它的稳定影响着身体运动的整体性。轮椅冰壶项目主要动作模式是坐姿状态下，通过核心区的相对稳定来提高投壶动作的准确性，训练中需针对性加入坐姿状态下的稳定练习及坐姿非稳定状态下的投壶力量控制练习。

（一）俯卧小哑铃—I/T/W字

练习目标：发展肩带及上背部肌肉力量。

练习方法：（1）运动员俯卧于垫上或坐在适当位置，双臂伸直贴近耳朵，与躯干形成“I”字，双侧肩胛骨向内向下收紧，双臂抬起2—3厘米，保持25—30秒，回到起始姿势。（2）手臂伸直并外展，与躯干形成“T”字，双侧肩胛骨向内向下收紧，双臂抬起2—3厘米，保持25—30秒，回到起始姿势。（3）双肘打开，屈肘90°与躯干形成“W”字，双侧肩胛骨向内向下收紧，双臂抬起2—3厘米，保持25—30秒，回到起始姿势，见图5-16。

动作要领：腹肌收紧，肩胛骨收紧后抬起手臂。自然呼吸，不憋气，动作协调用力。

易犯错误：腹肌不收紧，肩胛骨没有收紧就抬起手臂。

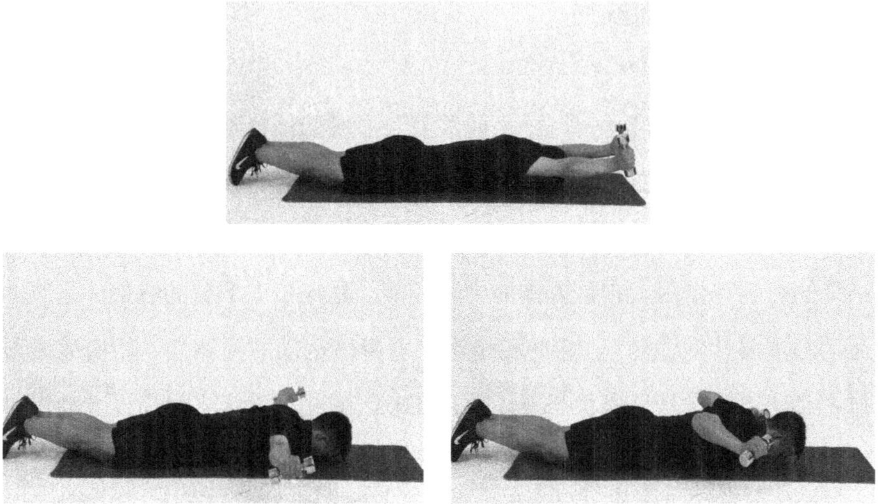

图5-16

（二）跪姿三级腹桥

练习目标：加强核心肌肉力量，主要是腹直肌肌肉力量。

练习方法：运动员呈跪姿，跪于瑜伽垫上，双腿自然开立与肩同宽，屈肘俯撑于地面，腰腹收紧，同时保持颈、肩、髋、膝在同一条线上，然后依次按照肘撑，抬起左手，抬起右手的顺序轮换，30秒轮换，见图5-17。

动作要领：躯干稳定，保持颈、肩、髋一条线。

易犯错误：塌腰，身体晃动。

图5–17

（三）侧桥

练习目标：发展腹外斜肌肌肉力量。

练习方法：运动员以肘、膝支撑，双腿自然弯曲，髋部抬起，从膝盖到头成一条直线，见图5–18。

动作要领：腹肌收紧，臀部顶起，躯干整体发力。自然呼吸，不憋气。

易犯错误：腹肌不收紧，憋气，髋部未抬起。

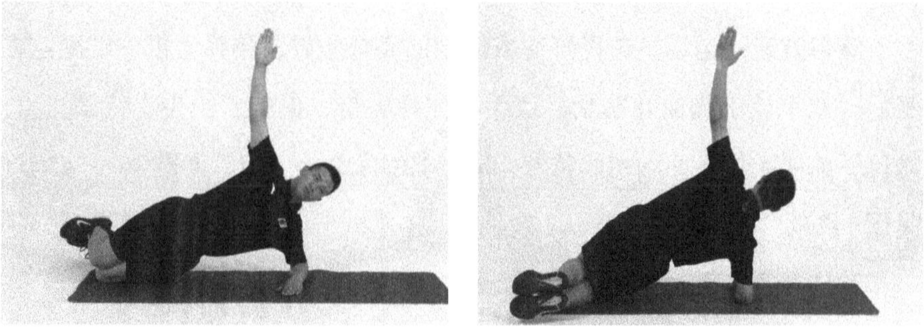

图5–18

（四）侧起

练习目标：加强核心肌肉力量，主要是腹内外斜肌肌肉力量。

练习方法：运动员侧卧于瑜伽垫上，队友固定住下半身，双手抱头，随后腹内外斜肌主动收缩，抬起躯干至地面角度约为30°。重复，每组12个，4—6组，间歇45秒，见图5-19。

动作要领：躯干稳定，腹内外斜肌收紧。

易犯错误：身体晃动。

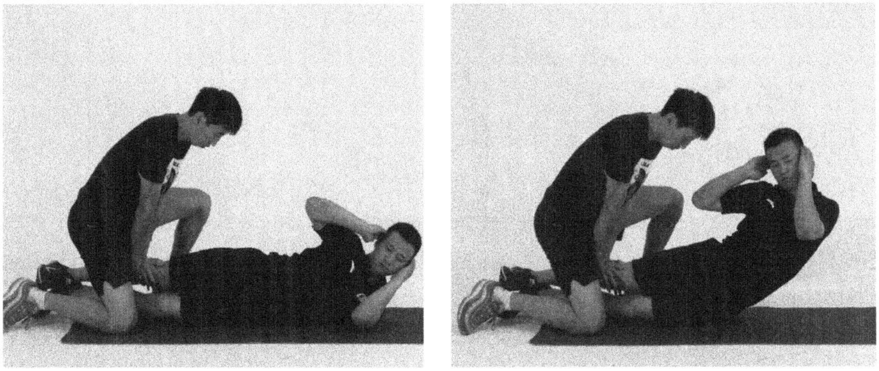

图5-19

（五）弹力带抗阻卷腹

练习目标：加强腰腹部肌肉力量，主要是腹直肌肌肉力量。

练习方法：运动员选择舒适或恰当的姿势坐好，将弹力带一端固定在身后，双手放于胸前并贴紧，双手抓住弹力带，挺胸、抬头、背部挺直，做躯干前屈动作。回到初始位置。8—12次；2—3组，间歇30—45秒，见图5-20。

动作要领：躯干保持正直，头颈中立位，腹部肌群发力。

易犯错误：腹部未发力，发力顺序不正确。

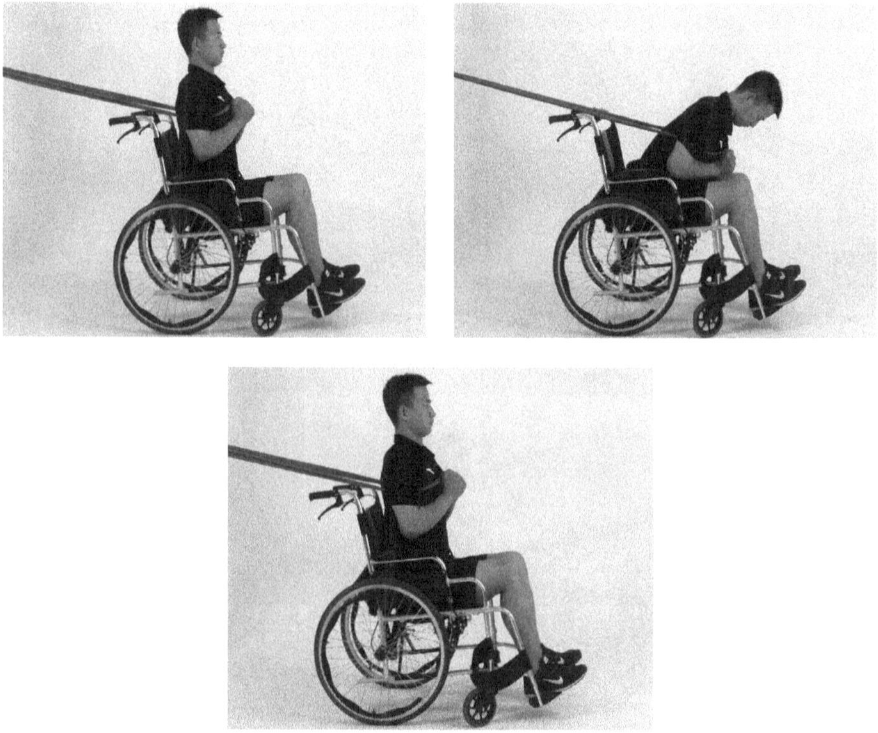

图5-20

（六）弹力带抗阻后伸

练习目标：加强腰部肌肉力量，主要是竖脊肌肌肉力量。

练习方法：运动员选择舒适或恰当的姿势坐好，将弹力带一头固定在地上适当位置，使弹力带保持张力，另一端从腋下穿过，套在肩胛骨位置，挺胸、抬头、背部挺直，先做脊柱前屈动作，再背部肌群发力做躯干后伸。重复，8—12次；2—3组，间歇30—45秒，见图5-21。

动作要领：躯干保持正直，头颈中立位，竖脊肌发力向后伸。

易犯错误：脊柱前屈时弓腰。

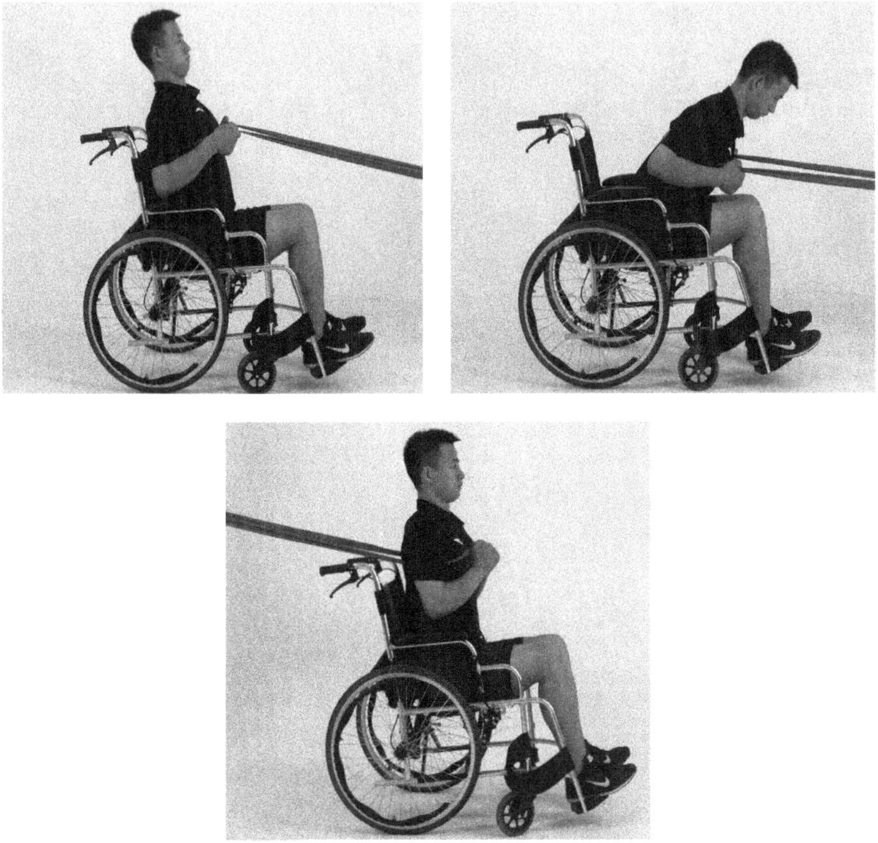

图5–21

（七）壶铃坐姿硬拉

练习目标：加强背部肌肉力量。

练习方法：运动员选择舒适或恰当的姿势坐好，双手分别紧握壶铃自然下垂，挺胸、抬头，保持手臂伸直，身体缓慢前屈，保持背部挺直，呼气，腰背部发力，将壶铃回到初始位置，见图5–22。

动作要领：在整个过程中背部发力并保持正直，壶铃动作轨迹与地面垂直。

易犯错误：躯干弯曲，手臂发力。

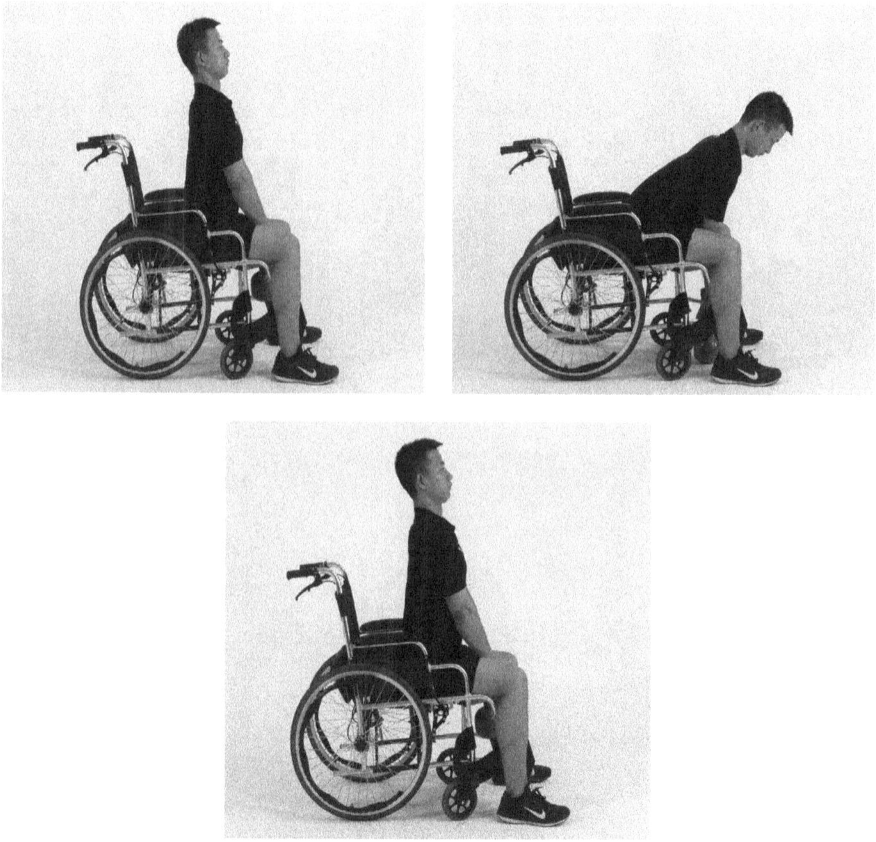

图5–22

（八）弹力带侧屈

练习目标：加强腰腹部肌肉力量，主要是腹内、外斜肌肌肉力量。

练习方法：运动员选择舒适或恰当的姿势坐好，将弹力带一头固定，一侧手紧握弹力带一端，挺胸、抬头、背部挺直，做脊柱侧屈动作。回到初始位置，换对侧继续进行，重复，8—12次；2—3组，间歇30—45秒，见图5–23。

动作要领：躯干保持正直，头颈中立位。

易犯错误：耸肩、塌腰。

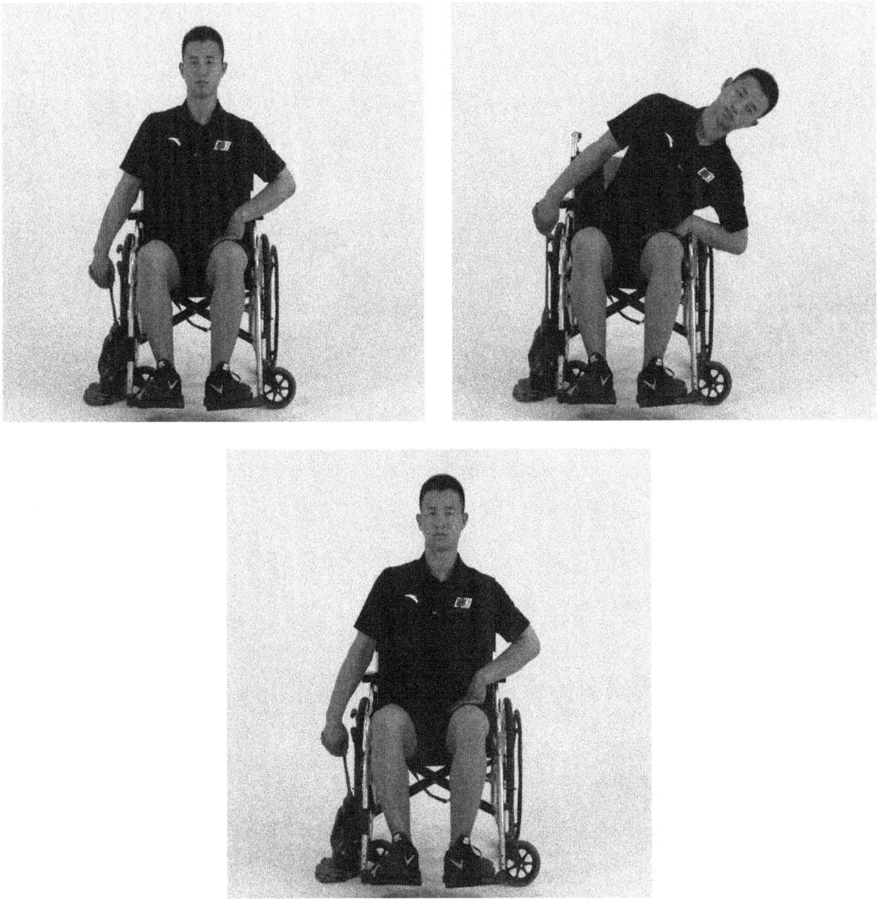

图5–23

三、整合训练

整合训练指结合专项竞技需求，将多种动作模式、练习目标的训练动作进行整合。轮椅冰壶运动员的整合训练中，主要整合上肢力量训练及核心区训练，在核心区相对稳定的基础上提高运动员动作质量及动作效率，从而提高运动成绩。

（一）药球砸地

练习目标：加强躯干及上肢全身肌肉协同工作能力。

练习方法：运动员呈坐姿，保持髋、肩、颈在一条直线上，收腹挺胸，双眼目视前方，双手高举药球，随后迅速砸向地面，重复，每组12个，4—6组，间歇45秒，见图5-24。

动作要领：躯干稳定，保持颈、肩、髋一条线，通过腹部发力带动上肢发力。

易犯错误：上臂发力，单关节肌肉发力。

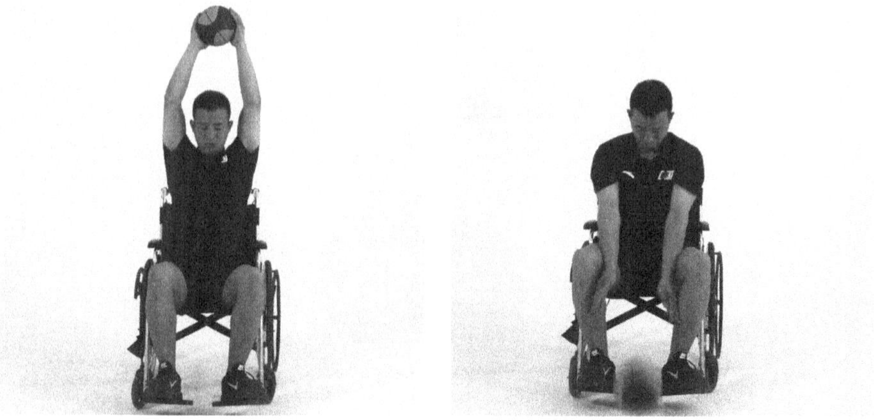

图5-24

（二）药球对墙抛

练习目标：加强躯干及上肢全身肌肉协同工作能力。

练习方法：运动员呈坐姿，保持髋、肩、颈在一条直线上，收腹挺胸，双眼目视前方，双手高举药球，随后快速抛向墙面，并将反弹回来的药球接到手中，重复，每组12个，4—6组，间歇45秒，见图5-25。

动作要领：躯干稳定，保持颈、肩、髋一条线，通过腹部发力带动上肢发力。

易犯错误：上臂发力，单关节肌肉发力。

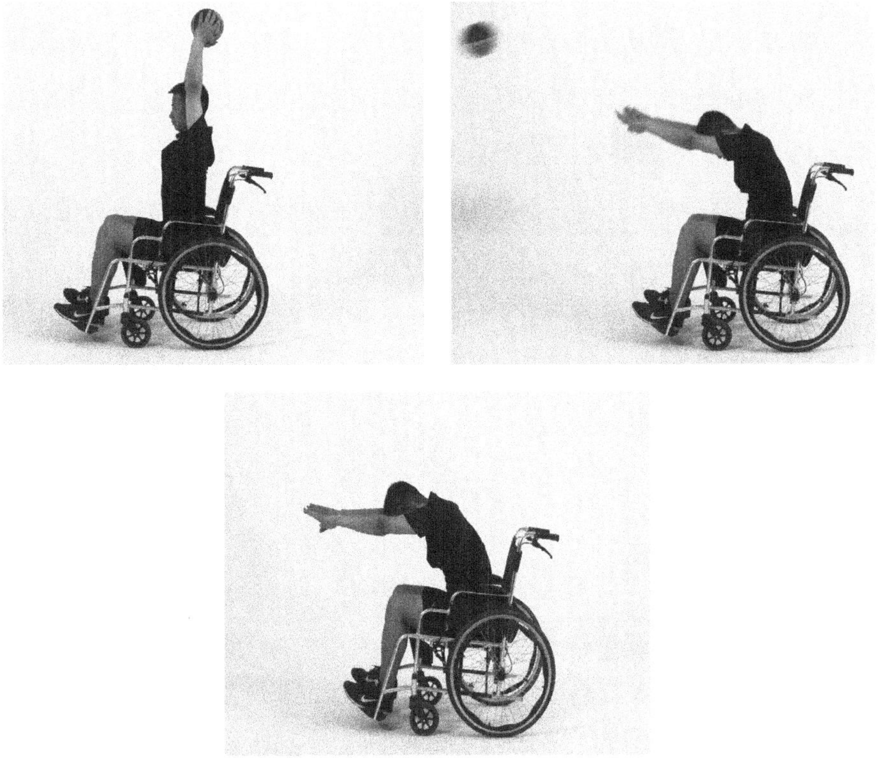

图5–25

（三）药球前推

练习目标：加强躯干及上肢全身肌肉协同工作能力。

练习方法：运动员呈坐姿，保持髋、肩、颈在一条直线上，收腹挺胸，双眼目视前方，双手将药球托至胸前，随后使用最大快速力量将药球推向前方，重复，每组12个，4—6组，间歇45秒，见图5–26。

动作要领：躯干稳定，保持颈、肩、髋一条线。

易犯错误：不连贯，发力顺序不正确。

图5-26

（四）训练绳同上同下

练习目标：加强上肢肌肉整体力量。

练习方法：运动员呈坐姿，保持髋、肩、颈在一条直线上，收腹挺胸，双眼目视前方，双手将训练绳手柄置于手中，随后双手同时同上同下甩动训练绳，重复，每组15秒，4—6组，间歇45秒，见图5-27。

动作要领：躯干稳定，保持颈、肩、髋一条线。

易犯错误：躯干不能保持稳定，耸肩。

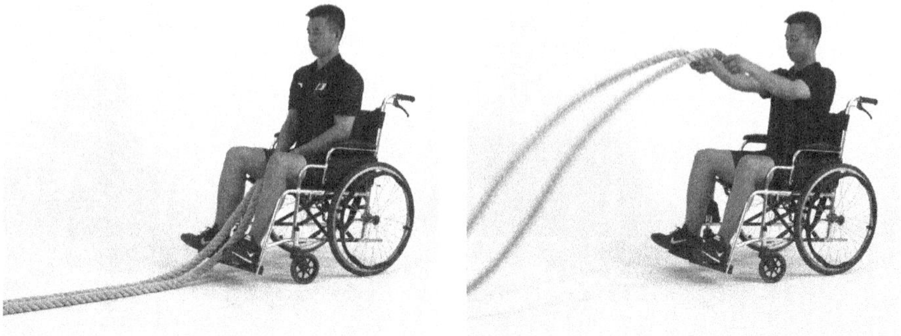

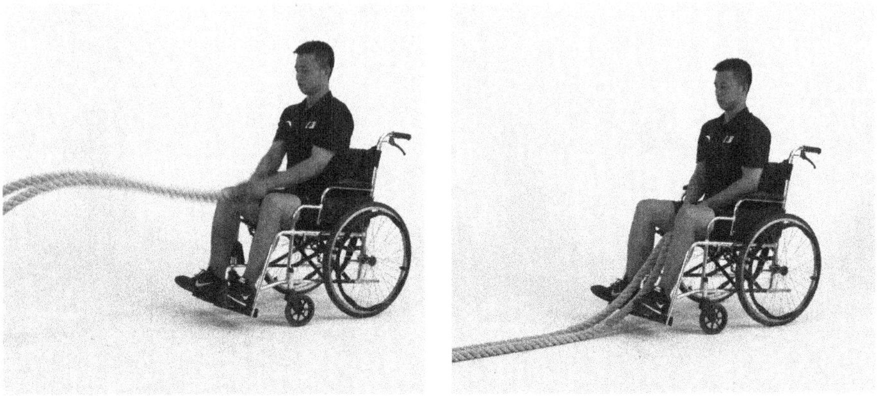

图5-27

（五）训练绳交替上下

练习目标：加强上肢肌肉整体力量。

练习方法：运动员呈坐姿，保持髋、肩、颈在一条直线上，收腹挺胸，双眼目视前方，双手将训练绳手柄置于手中，随后双手交替上下甩动训练绳，重复，每组15秒，4—6组，间歇45秒，见图5-28。

动作要领：躯干稳定，保持颈、肩、髋一条线。

易犯错误：躯干不能保持稳定，耸肩。

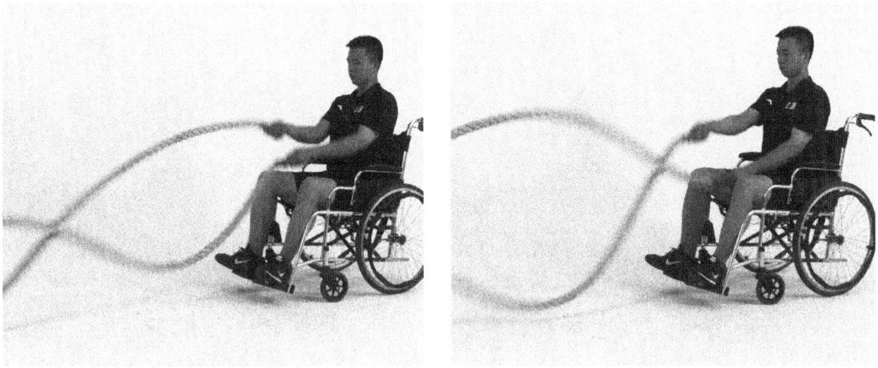

图5-28

（六）训练绳向内向外

练习目标：加强上肢及腕部肌肉整体力量。

练习方法：运动员呈坐姿，保持髋、肩、颈在一条直线上，收腹挺胸，双眼目视前方，双手将训练绳手柄置于手中，随后双手同时向内、外甩动训练绳，重复，每组15秒，4—6组，间歇45秒，见图5–29。

动作要领：躯干稳定，保持颈、肩、髋一条线。

易犯错误：躯干不能保持稳定，耸肩。

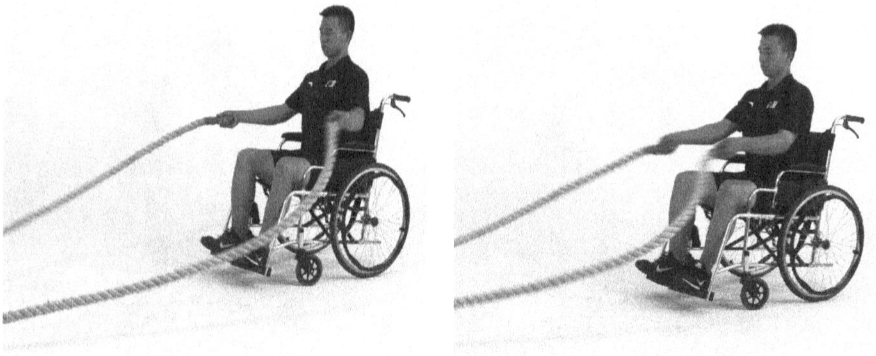

图5–29

（七）壶铃单手抓举

练习目标：加强上肢肌肉整体力量。

练习方法：运动员呈坐姿，保持髋、肩、颈在一条直线上，收腹挺胸，双眼目视前方，随后将放于地面的壶铃快速抓起举至头顶并稳定，下放壶铃时大臂贴紧躯干并屈肘放于体侧，而后再放于地上，重复，每组12个，4—6组，间歇45秒，见图5–30。

动作要领：躯干保持正直，躯干带动壶铃向上，手臂放松。

易犯错误：躯干不能保持稳定，耸肩，塌腰。

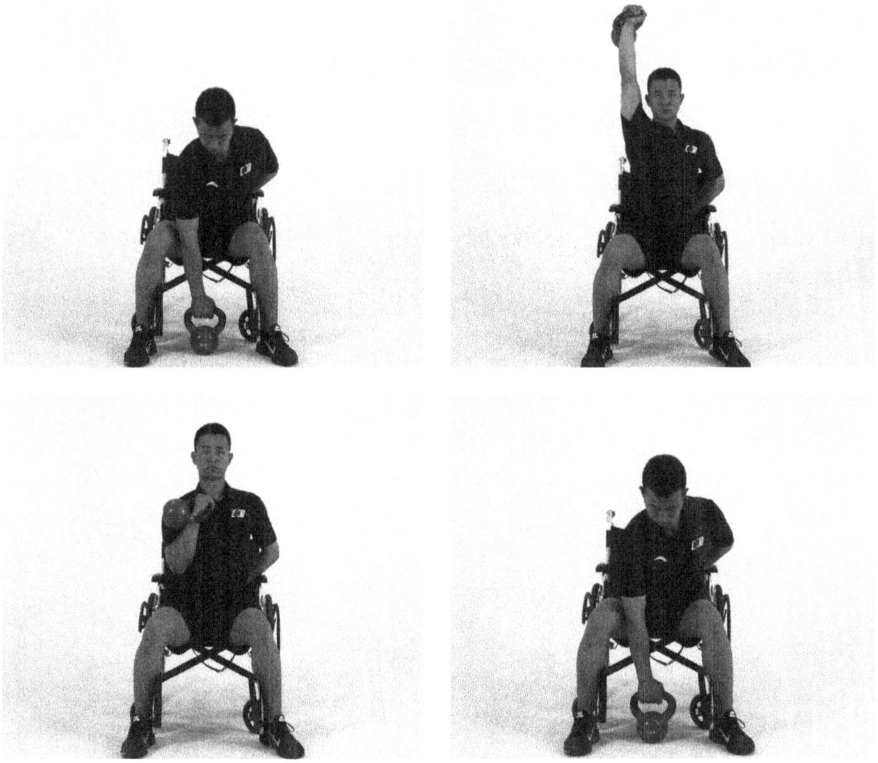

图5-30

（八）壶铃单手挺举

练习目标：加强上肢肌肉整体力量。

练习方法：运动员呈坐姿，保持髋、肩、颈在一条直线上，收腹挺胸，双眼目视前方，上拉壶铃时大臂贴紧躯干并屈肘放于体侧，再快速将抓起的壶铃举至头顶，重复，每组12个，4—6组，间歇45秒，见图5-31。

动作要领：躯干稳定，躯干带动壶铃向上，手臂放松。

易犯错误：躯干不能保持稳定，耸肩，塌腰。

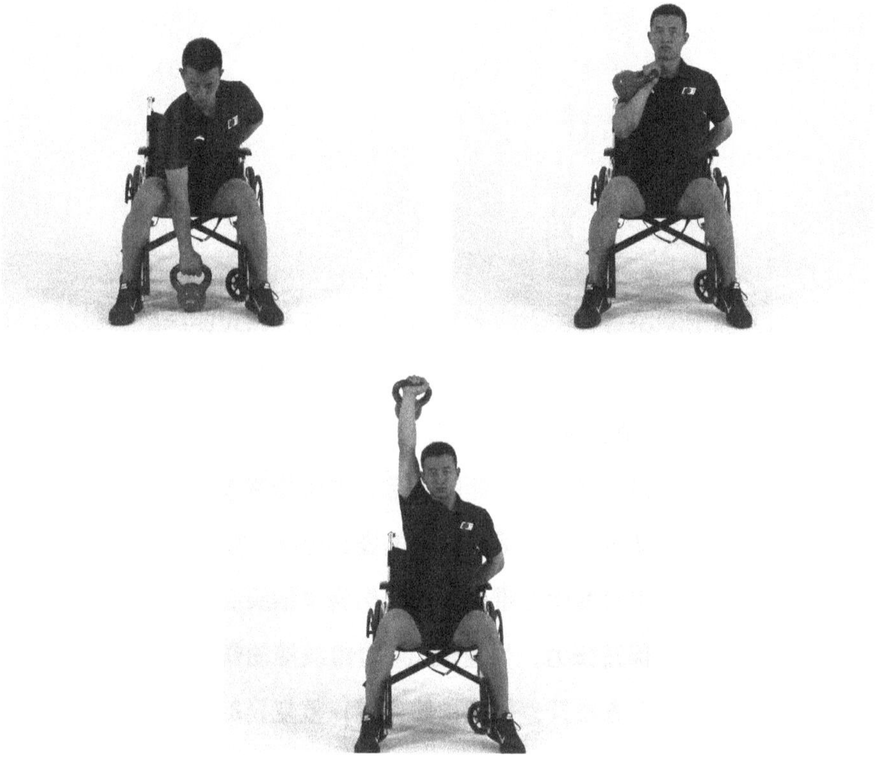

图5–31

（九）坐姿弹力带下劈

练习目标：加强上臂肌肉、侧腹力量，主要是侧腹肌群力量。

练习方法：运动员选择舒适或恰当的姿势坐好，将弹力带一端固定在高于坐高位置，双手紧握弹力带另一端，挺胸、抬头、背部挺直，保持手臂伸直，使弹力带保持张力，快速做拉–下压动作，躯干旋转的同时手臂将弹力带向斜下方拉开，回到初始位置，重复，8—12次；2—3组，间歇30—45秒，见图5–32。

动作要领：体会肩部的旋转，保持躯干的稳定。

易犯错误：弹力带回到初始位置时躯干和手臂弯曲。

（二）训练绳组合

练习目标：发展运动员动作速度。

练习方法：运动员呈坐姿，保持髋、肩、颈在一条直线上，收腹挺胸，双眼目视前方。保持稳定姿势，双手持训练绳同时做上下运动15秒；保持稳定姿势，双手持训练绳交替做上下运动15秒；肘关节稳定，双手持训练绳同时向内向外15秒，见图5-35。

动作要领：肩关节放松，前臂发力快速完成动作。

易犯错误：动作不协调等错误。

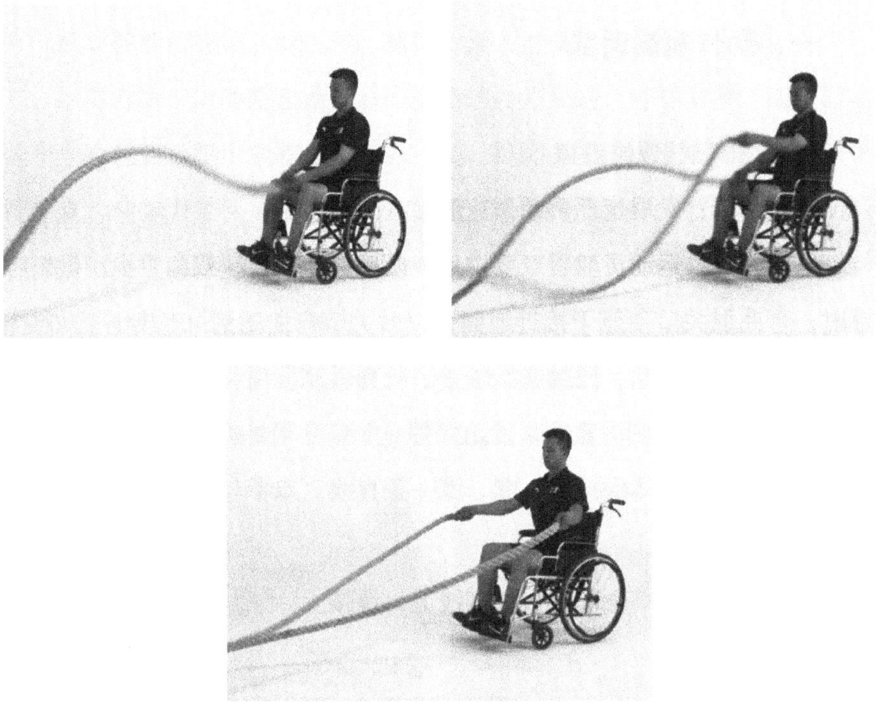

图5-35

（三）30秒药球快速击地练习

练习目标：发展运动员动作速度。

练习方法：运动员呈坐姿，保持髋、肩、颈在一条直线上，收腹挺胸，双眼目视前方，双手高举药球，随后腹部发力将药球快速砸向地面，并将反弹回来的药球接到手中，重复此动作，见图5–36。

动作要领：强调动作的连续性，手臂保持正直，腹部发力带动手臂发力。

易犯错误：身体重心不稳，用力过猛。

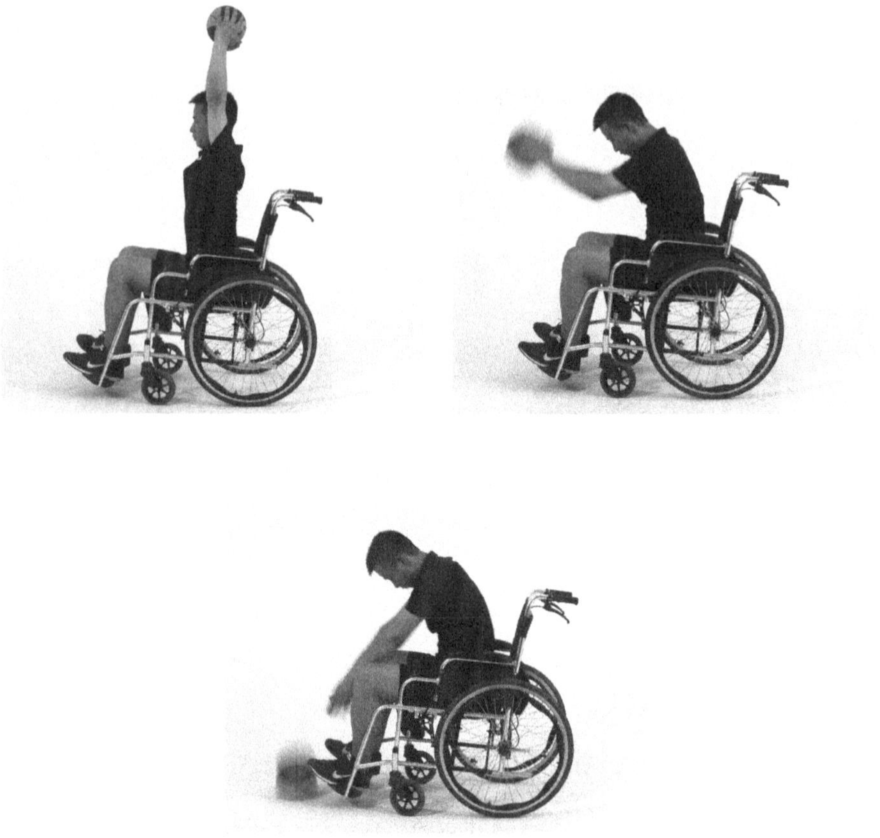

图5–36

（四）30秒快速卧推杠铃

练习目标：发展运动员动作速度。

练习方法：运动员仰卧在平板上，两脚平放地上，两脚间距略窄于肩，背稍弓，臀部始终接触平板，双手握住杠铃，调整好呼吸听到教练发出“开始”口令后，双手迅速做快推快收动作，重量不应过重，应适合运动员。30秒到时教练员发出“停止”口令后练习停止，见图5-37。

动作要领：手腕保持直腕，收紧肩胛骨，收腹挺胸，呼吸均匀，禁止憋气，卧推频率要快。

易犯错误：手腕弯曲，肩胛骨放松。

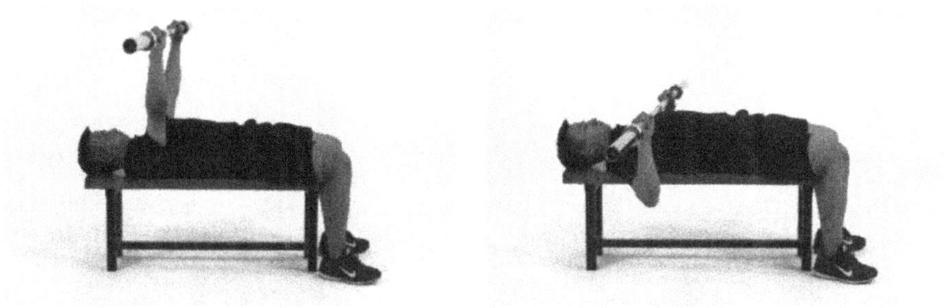

图5-37

二、反应速度训练

选择性练习

练习目标：发展运动员反应速度。

练习方法：4个标志盘组成一个方形区域，它们彼此之间相距4米，围成一个标准的正方形，运动员坐于轮椅上停在中间区域。根据教练员所指方向，快速向相反方向移动，再回到原来位置，见图5-38。

动作要领：控制好轮椅方向，尽最大速度完成反应。

易犯错误：听取指令后反应时间过长。

图5–38

三、位移速度训练

（一）30/60/100米轮椅滑

练习目标：发展运动员位移速度。

练习方法：运动员呈坐姿，坐于轮椅上，双眼目视正前方，腰背部挺直，手臂快速交替做滑轮椅动作，见图5–39。

动作要领：可使身体重心前移，轮椅不易向后翻倒。

易犯错误：肌肉紧张，身体左右倾斜，手臂驱动轮椅的动作不合理，比较吃力。

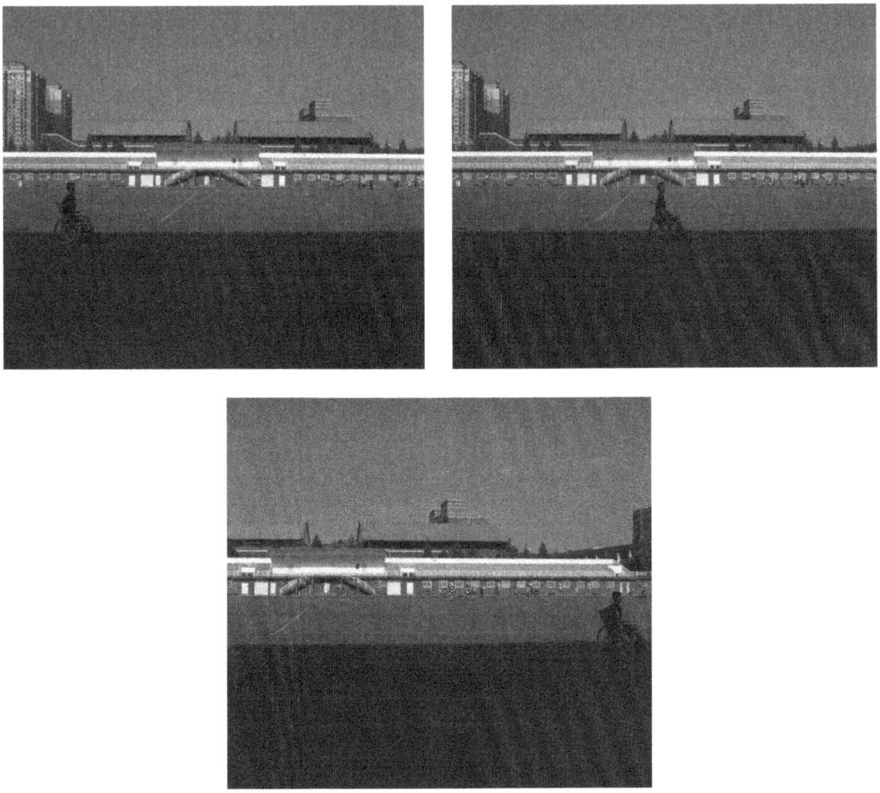

图5-39

（二）折返轮椅滑

练习目标：发展运动员位移速度。

练习方法：运动员呈坐姿，坐于轮椅上，设置25米长的标志线，运动员滑到距标志线约1米地方开始减速，转身后再加速折返到起点，见图5-40。

动作要领：减速太迟可能会冲出标志线，需控制好轮椅速度。

易犯错误：肌肉紧张，身体左右倾斜，手臂驱动轮椅的动作不合理，比较吃力。

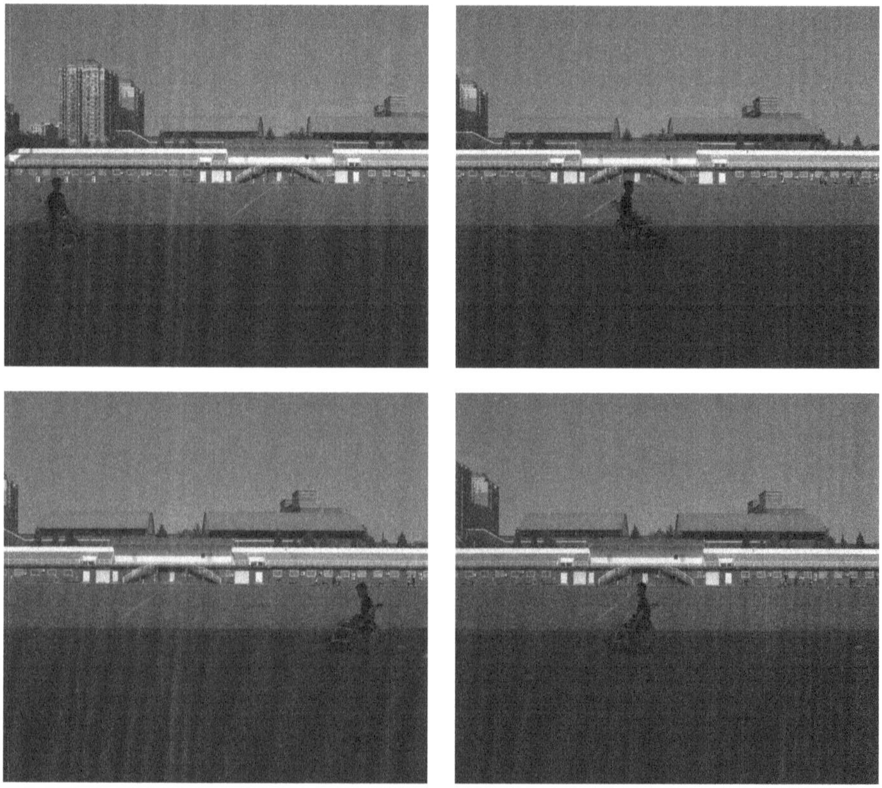

图5-40

第三节　轮椅冰壶运动员耐力训练

耐力素质是指人体在较长的时间内，保持特定强度负荷或动作质量的能力，是人体基本的运动素质之一。耐力素质按人体的生理系统分类，可分为肌肉耐力和心血管耐力，其中肌肉耐力也称为力量耐力，心血管耐力又分为有氧耐力和无氧耐力。轮椅冰壶项目中，一天可能需要进行多场比赛，且单场比赛时间较长，这种项目特征对运动员的耐力素质提出了较高需求。且轮椅冰壶比赛在冰上进行，运动员在比赛中需保持注意力高度集中，这些项目特点都要求轮椅冰壶运动员有较强的耐力素质。

一、心血管耐力训练

（一）1000米轮椅滑

练习目标：提高运动员有氧耐力。

练习方法：运动员在标准田径场地内，于1000米起点标志线后，轮椅不得压线。当教练发出“开始”口令，运动员立即启动匀速滑行1000米直至终点，见图5–41。

动作要领：上身正直，身体前倾，抬头收腹。

易犯错误：肌肉紧张，身体左右倾斜，手臂驱动轮椅的动作不合理，比较吃力。

图5–41

（二）3000米轮椅滑

练习目标：提高运动员有氧耐力。

练习方法：运动员在标准田径场地内，于3000米起点标志线后，轮椅不得压线。当教练发出“开始”口令，运动员立即启动匀速滑行并完成3000米至终点，见图5–42。

动作要领：上身正直，身体前倾，抬头收腹。

易犯错误：肌肉紧张，身体左右倾斜，手臂驱动轮椅的动作不合理，比较吃力。

图5–42

（三）定距变速轮椅滑

练习目标：提高运动员有氧耐力。

练习方法：在标准田径场地内，让运动员在直道上进行快速轮椅滑练习，紧接着在弯道上进行慢速轮椅滑，循环一圈，见图5-43。

动作要领：上身正直，身体前倾，抬头收腹。

易犯错误：肌肉紧张，身体左右倾斜，手臂驱动轮椅的动作不合理，比较吃力。

图5-43

二、肌肉耐力训练

（一）肘膝支撑

练习目标：发展核心力量耐力。

练习方法：运动员肘膝支撑在垫子上，肩、髋、膝保持在一条直线上，两眼平视正下方，保持躯干正直，始终保持骨盆中立位，见图5-44。

动作要领：躯干正直，核心收紧。

易犯错误：塌腰，身体左右倾斜。

图5-44

（二）1分钟俯卧撑

练习目标：上肢肌肉耐力。

练习方法：运动员双手双膝撑地，两手略宽于肩，双膝并拢。做俯卧撑时，弯曲肘关节使躯干接近地面，以肘关节弯曲达到90°或小于90°为标准，然后用力撑起，回到起始位置，听到教练发出“开始”口令后开始快速俯卧撑，60秒到时教练员发出“停止”口令后练习停止，见图5-45。

动作要领：身体保持肩、髋、膝一条直线，双脚微微张开，双手放在与肩膀同一条直线上，手臂半弯。

易犯错误：髋、膝不在一条直线上。

图5-45

（三）1分钟斜推杠铃杆

练习目标：上肢力量耐力。

练习方法：运动员手持杠铃杆保持上半身直立坐好，背稍弓，臀部夹紧，双手握住杠铃，调整好呼吸听到教练发出“开始”口令后，双手迅速向斜上方做快推快收动作，重量不应过重，应适合运动员。60秒到时教练员发出“停止”口令后练习停止，见图5-46。

动作要领：手腕保持直腕，收紧肩胛骨，收腹挺胸，呼吸均匀，禁止憋气，斜推频率要快。

易犯错误：手腕弯曲，肩胛骨放松。

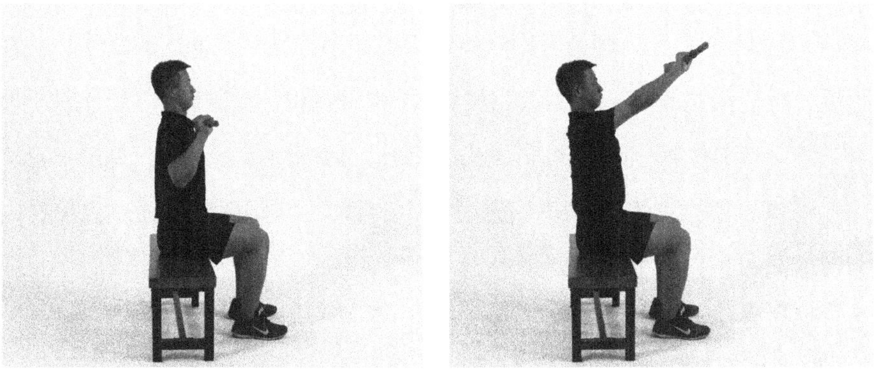

图5–46

（四）1分钟引体向上

练习目标：发展背部力量耐力。

练习方法：运动员宽握距抓握单杠，双臂伸直；骨盆保持中立位；腹部收紧；腰背挺直；肩胛骨后缩肩带下沉；抬头收下巴；两眼目视前下方；吸气准备，呼气背部发力带动大臂将身体向上方提至眼睛高于单杠，肘部后伸，见图5–47。

动作要领：正手握杠，向下时将手臂完全伸展，向上时先收肩胛骨而后背阔肌发力，直至下颚高于单杠。

易犯错误：肌肉紧张，耸肩、晃肩，手臂左右横摆，身体左右倾斜。

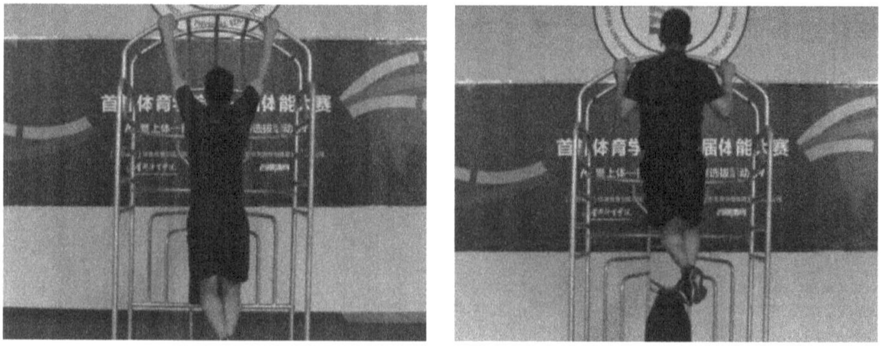

图5–47

（五）坐姿划船

练习目标：发展背部力量耐力。

练习方法：运动员呈坐姿，腹部收紧；腰背挺直；肩胛骨后缩肩带下沉；抬头收下巴；两眼目视前下方；吸气准备，呼气背部发力带动大臂将弹力带拉至手臂位置，呼气还原至准备动作，拳心始终保持相对，见图5–48。

动作要领：躯干保持稳定，背部肌肉收缩。

易犯错误：肌肉紧张，耸肩、晃肩，手臂左右横摆，身体左右倾斜。

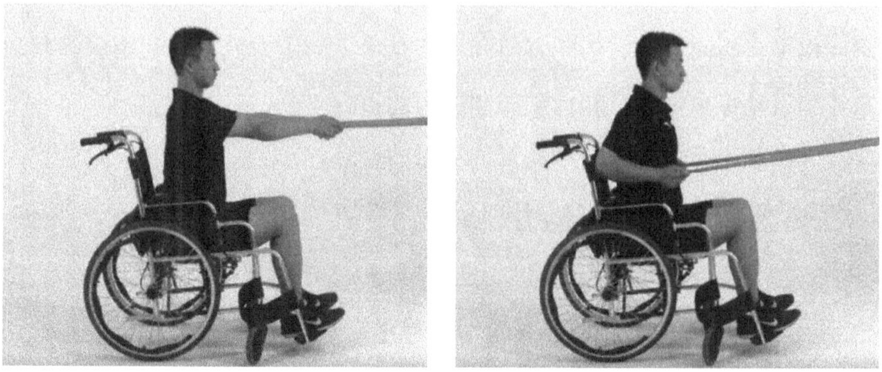

图5–48

第四节　轮椅冰壶运动员本体感觉训练

本体感觉是指肌、腱、关节等运动器官本身在不同状态时（方向、空间位置、速度变化等）产生的感觉。本体感觉器官分布于肌肉、韧带、关节囊、关节软骨、皮肤等软组织中，其形态与功能各异，在运动过程中本体感受器能够感受身体各部分的张力、压力等生物力学信息和空间位置，并产生神经冲动传向中枢神经系统，从而达到调整身体姿势，参与感觉控制和维持身体平衡的效果。

轮椅冰壶属于技能主导类表现准确型项目，冰壶出手后运动员无法对投出的冰壶进行干预，该项目对运动员投壶精准度的要求较高。且轮椅冰壶战术包括布局战术、开局战术、击打战术、偷分战术等 12 种战术，运动员在比赛过程中需要根据场上情况有目的地进行选择，而不同的战术需要运动员掌握不同的发力方式和发力的大小，对运动员力量控制的能力要求较高。在本体感觉训练过程中使运动员体会骨骼肌肉系统在不同幅度、不同角度、不同速度、不同方向和不同重量上的用力效果，利用多种刺激来达到运动员本体感觉和力量控制能力的提高。

一、空间方向控制能力训练

（一）九宫格数字填写（单臂肌肉记忆）

练习目标：感知运动员在没有视觉输入下的空间方向控制能力。

练习方法：运动员坐于桌子正前方，桌面上放置15cm*15cm的九宫格纸片，运动员手臂伸直，手位于中间表格正上方。随后运动员戴上眼罩，教练员发出开始指令，运动员按照先写奇数1–3–5–7–9后写偶数2–4–6–8的顺序，将数字在九宫格中正确的位置进行填写，见图5–49。

练习要领：书写尽可能迅速，运动员尽可能地将数字写至方块中间。

练习示范：

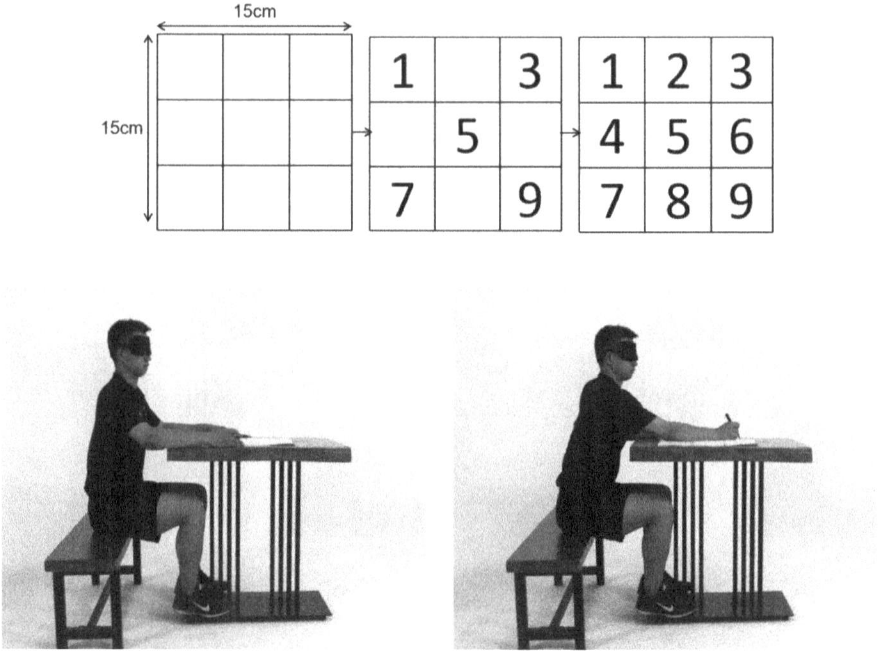

图5–49

（二）九宫格数字填写（单臂肌肉记忆 — 进阶）

练习目标：感知运动员在没有视觉输入下的空间方向控制能力。

练习方法：运动员坐于桌子正前方，桌面上放置15cm*15cm的九宫格纸片，运动员手臂伸直，手位于中间表格正上方。随后运动员戴上眼罩，教练员发出开始指令，运动员用笔按照教练员要求依次写到规定九宫格中，见图5–50。

进阶训练可缩小九宫格的大小。

练习要领：书写尽可能迅速，运动员尽可能地将数字写至方块中间。

练习示范：

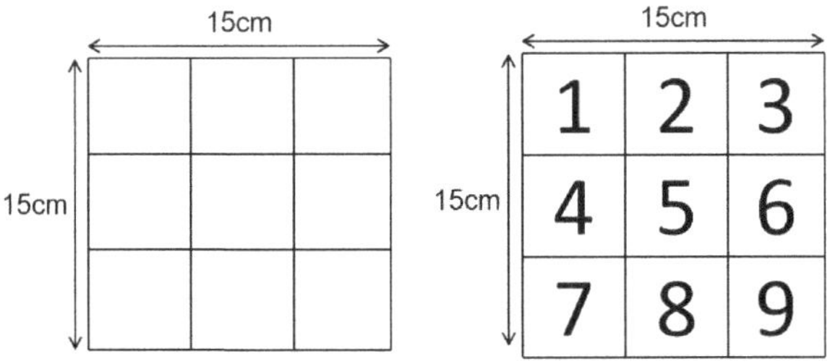

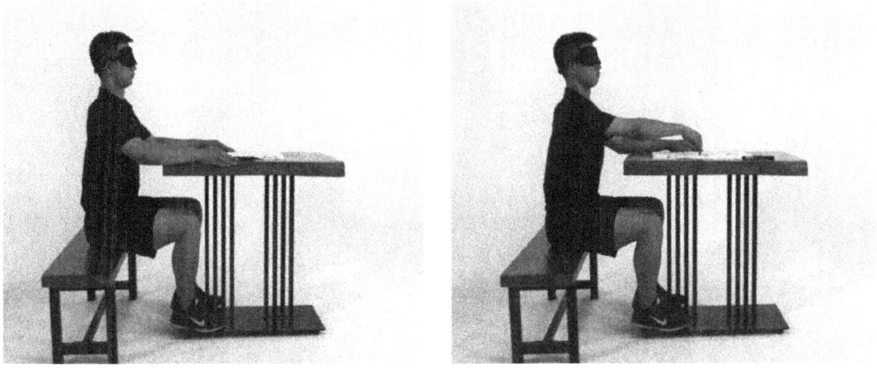

图5–50

（三）哑铃指向练习

练习目标：感知运动员在没有视觉输入下的空间方向控制能力。

练习方法：运动员单手持小哑铃，与墙壁保持一臂距离，墙面上挂置15cm*15cm九宫格，格子中依次标记数字1—9，随后运动员戴上眼罩，教练员给予一个数字口令，运动员单手将哑铃指向规定数字，见图5–51。

练习要领：运动员尽可能地将哑铃举至方块中间。

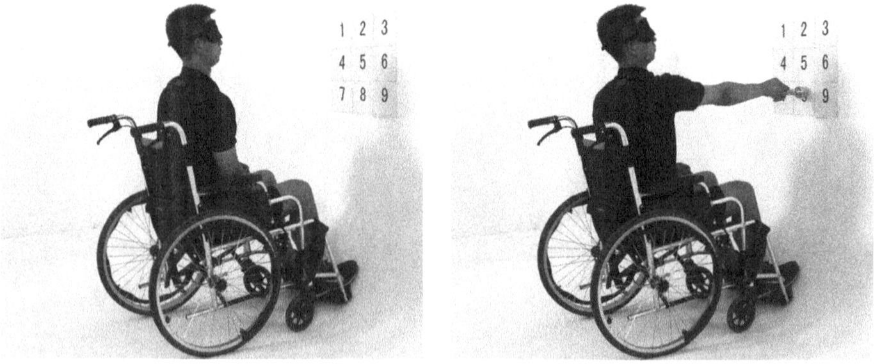

图5–51

（四）哑铃指向练习—进阶

练习目标：感知运动员在没有视觉输入下的空间方向控制能力。

练习方法：运动员面于墙壁，与墙壁保持5m—10m距离，墙面上挂置15cm*15cm九宫格，格子中依次标记数字1—9，随后运动员戴上眼罩，教练员给予一个数字口令，运动员从5m—10m起点处轮椅滑至墙面，用手指出规定数字，见图5–52。

练习要领：运动员尽可能指向方格中间。

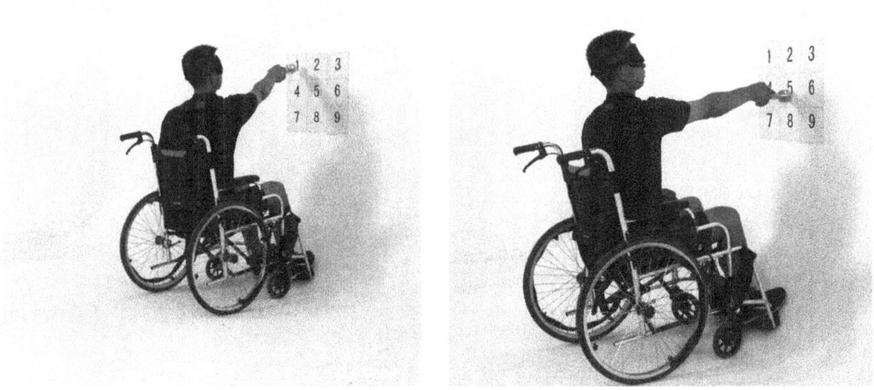

图5–52

二、速度控制能力训练

（一）轮椅滑

练习目标：感知运动员的速度控制能力。

练习方法：轮椅冰壶运动员在标准田径场地内，用轮椅滑方式，绕田径场一周滑行，滑行前教练员先规定滑行一圈时间，运动员滑行一圈的速度要控制在所规定时间范围内，时间误差上下不超过2秒，见图5–53。

练习要领：尽可能控制滑行速度，不能过早或过晚到达终点。

图5–53

（二）短距离轮椅滑

练习目标：感知运动员的速度控制能力。

练习方法：轮椅冰壶运动员在标准田径场地内，在距离起点5m—10m处放置标记物，运动员按教练员规定时间要求到达终点，时间误差上下不超过1秒，见图5–54。

练习要领：尽可能控制滑行速度以及轨迹方向。

图5–54

（三）单手前推控制练习

练习目标：感知运动员的速度控制能力。

练习方法：运动员手持杠铃杆代替投壶杆，单手模拟前推冰壶动作，教练员规定重复前推次数以及时间，运动员在完成规定前推次数的同时要符合时间要求，时间误差上下不超过2秒，见图5–55。

练习要领：重复投壶动作按照技术要求进行。

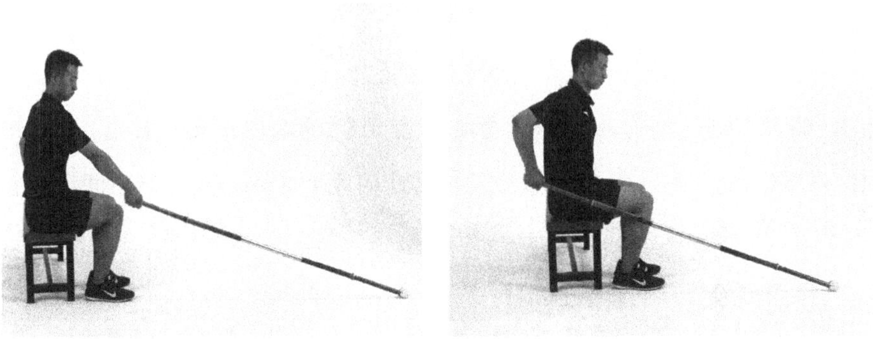

图5-55

三、力量控制能力训练

（一）实心球定抛

练习目标：感知运动员的力量控制能力。

练习方法：运动员呈坐姿，保持髋、肩、颈在一条直线上，收腹挺胸，双眼目视前方，单手将实心球放至体侧，随后将实心球抛向前方，按教练员要求控制球落地的远度，见图5-56。

练习要领：躯干稳定，保持颈、肩、髋一条线，实心球靠近标志点。

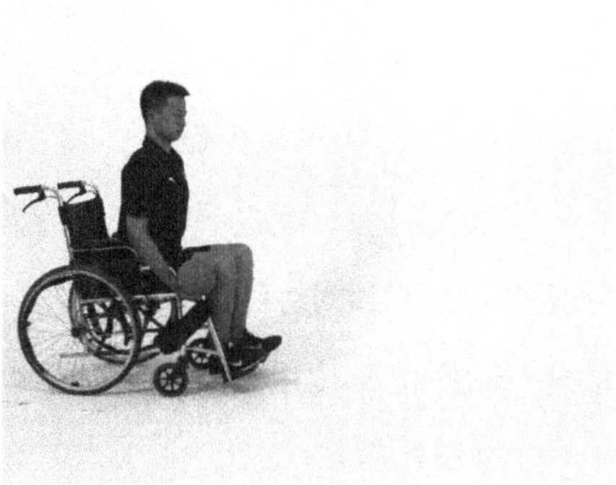

图5-56

（二）实心球前滚定距练习

练习目标：感知运动员的力量控制、方向控制能力。

练习方法：运动员呈坐姿，手持实心球，教练员在场地上标记2米、3米、4米标记线，教练员规定球落点距离区间，运动员用力将实心球低平抛出，使实心球沿地面滚至规定距离区间，见图5–57。

练习要领：实心球尽可能停止在规定距离区间里。

图5–57

（三）握力器控制练习

练习目标：感知运动员的力量控制能力。

练习方法：运动员呈坐姿，手持握力器，教练员规定运动员握力值，运动员左右手分别进行握力测试，握力值大小与规定值误差不超过两牛，见图5–58。

练习要领：握力值尽量保持在规定区间里。

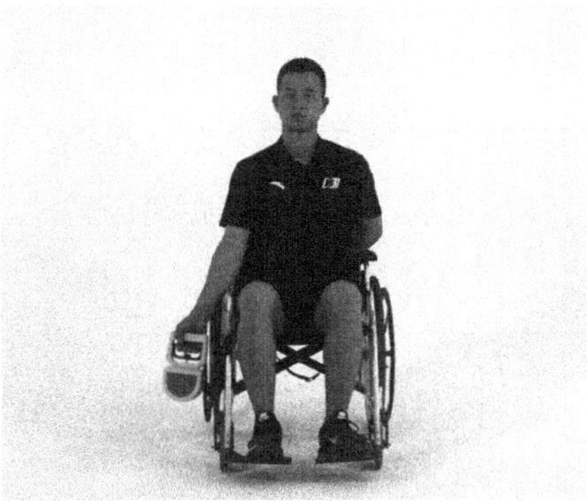

图5–58

第五节 轮椅冰壶运动员氧舱训练

随着科学技术的发展，氧舱训练已逐渐成为当前体能训练的新方法。氧舱训练主要包括低压氧舱训练和高压氧舱训练，其目的在于通过仪器来调整氧压，以改变体能训练时的外部环境，从而增强运动员在不同刺激下的运动输出感知，以提高运动员的适应性，最终提高运动表现。

一、低压氧舱训练

低压氧舱是通过抽气泵来降低氧舱内氧分压，以人工模拟低气压和缺氧等高空环境的地面设备。应用低压氧舱的原理同高原训练的低氧环境，在环境限制的条件下，对运动员进行低氧训练，其基本理论依据是利用低氧暴露，刺激促红细胞生成素的分泌，进而提高机体红细胞的生成和血红蛋白的合成，从而提高机体运氧能力及运动员有氧代谢能力。轮椅冰壶项目赛程密集，单场比赛时间较长，并且长时间在低温环境下进行运动，对运动员的有氧能力有较高的需求。通过低压氧舱训练不仅能提高轮椅冰壶运动员的有氧能力，还能提升运动员在不同刺激下的运动输出感知。

（一）60秒膝撑俯卧撑

练习目标：发展上肢力量耐力。

练习方法：运动员身体俯撑，两臂伸直，双手与肩同宽（或略宽于肩）；膝盖撑于垫上，骨盆保持中立位；腹部收紧；腰背挺直；肩胛骨后缩，肩带下沉；抬头收下巴；两眼目视前下方；吸气，屈肘使躯干靠近地面，呼气胸大肌发力将身体推举回到双臂伸直，见图5–59。

动作要领：保持上半身完全笔直，双膝微微张开贴紧地面，双手放在与肩膀同一条直线上，手臂半弯，然后伏低身体直到胸部几乎能贴到地面，最后回到初始状态。

易犯错误：肌肉紧张，耸肩、晃肩，手臂左右横摆，身体左右倾斜。

图5–59

（二）60秒弹力带下压

练习目标： 加强上臂肌肉力量，主要是肱三头肌肌肉力量。

练习方法： 运动员呈坐姿，坐于轮椅或训练凳上，躯干保持正直，将弹力带固定在运动员正上方，双手握住弹力带，上臂紧贴躯干做肘部下压动作。重复，每组12个，4—6组，间歇45秒，见图5-60。

动作要领： 躯干保持稳定，上臂紧贴躯干，控制离心速度。

易犯错误： 速度未控制，上臂未贴紧膝盖。

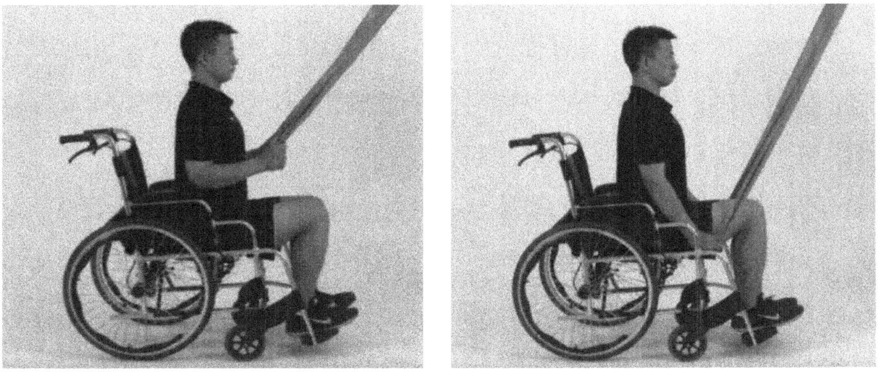

图5-60

（三）坐姿哑铃侧平举

练习目标： 发展肩部肌肉力量。

练习方法： 运动员坐于轮椅或训练凳上，手持哑铃自然下垂，呼气时，肩部肌群发力带动手臂将哑铃侧平举至肘关节与肩关节水平或略低于肩，见图5-61。

动作要领： 肩胛骨收紧后抬起手臂。自然呼吸，不憋气，动作协调用力。

易犯错误： 手臂发力，耸肩。

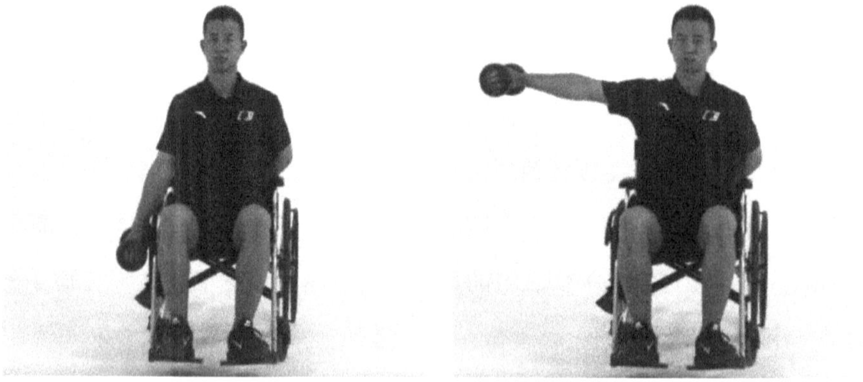

图5-61

（四）波速球膝肘支撑

练习目标：发展核心区肌肉力量。

练习方法：运动员以肘撑于波速球上，膝盖支撑地面或垫上，双腿自然弯曲，髋部抬起，从膝盖到头成一条直线，见图5-62。

动作要领：腹肌收紧，臀部顶起，躯干稳定。自然呼吸，不憋气。

易犯错误：腹肌不收紧，憋气，屈髋。

图5-62

二、高压氧舱训练

高压氧舱训练在医疗及运动训练中已取得较好的效果。临床医学研究发现，高压氧舱训练能够将脑外伤、脊髓损伤及脑卒中的病理生理过程有效阻断，降低脊髓水肿、炎性介质的表达、脊髓细胞的凋亡及缺血再灌注的损伤，从而促进脊髓损伤患者的预后恢复。运动训练中，高压氧舱可使运动员组织血液量增加，改善微循环，增强血液的携氧能力和肺通气功能，提高心力储备和代谢供能水平，促进自由基代谢，提高睡眠质量。轮椅冰壶运动员残疾主要为脊髓灰质炎所致，该病症以脊髓受伤平面以下的对应部位发生感觉运动障碍，失去控制活动能力为表现。通过高压氧舱训练，一方面可促进运动员残端的康复及降低相关肌群劳损，还能提高运动员的注意力及运动感知能力，促进血液循环及恢复。

（一）坐姿脊柱屈

练习目标：改善运动员脊椎屈曲灵活能力。

练习方法：运动员呈坐姿，坐于轮椅或训练凳上，吸气双手向上抬高，呼气双臂带动脊柱，按照颈椎 — 胸椎 — 腰椎位置顺序，一节一节向下卷动，见图5-63。

练习要领：注意骨盆保持不动，脊椎做屈曲，动作缓慢。

图5-63

（二）坐姿脊柱侧屈

练习目标：改善运动员脊椎侧屈灵活能力。

练习方法：运动员呈坐姿，坐于轮椅或训练凳上，吸气双手侧平举，呼气双臂带动躯干向左侧侧屈，吸气还原；交替动作，呼气双臂带动躯干向右侧侧屈，吸气还原，见图5-64。

练习要领：注意骨盆尽量保持不动，脊椎做侧屈，动作缓慢。

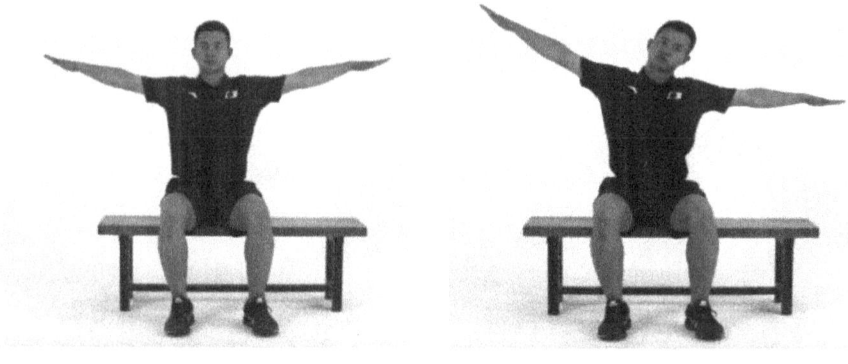

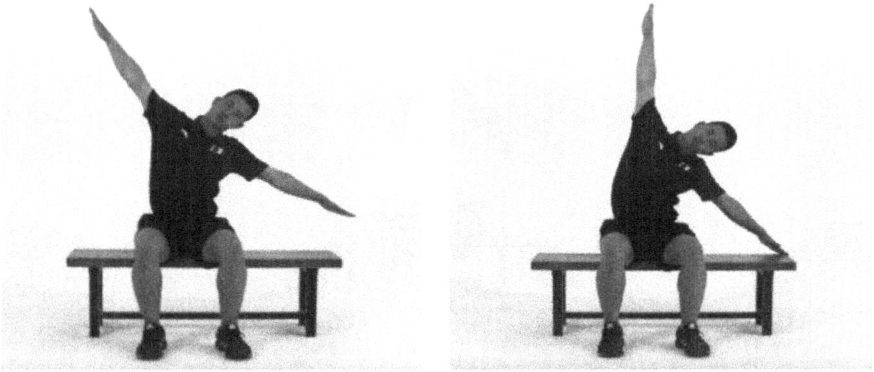

图5-64

（三）坐姿脊柱扭转

练习目标：改善运动员脊椎扭转灵活能力。

练习方法：运动员呈坐姿，坐于轮椅或训练凳上，吸气双手向两侧侧平举，呼气双臂带动身体向左转动到最大极限，吸气还原；交替动作，呼气双臂带动身体向右转动到最大极限，吸气还原，见图5-65。

练习要领：注意骨盆尽量保持不动，脊椎做扭转，动作缓慢。

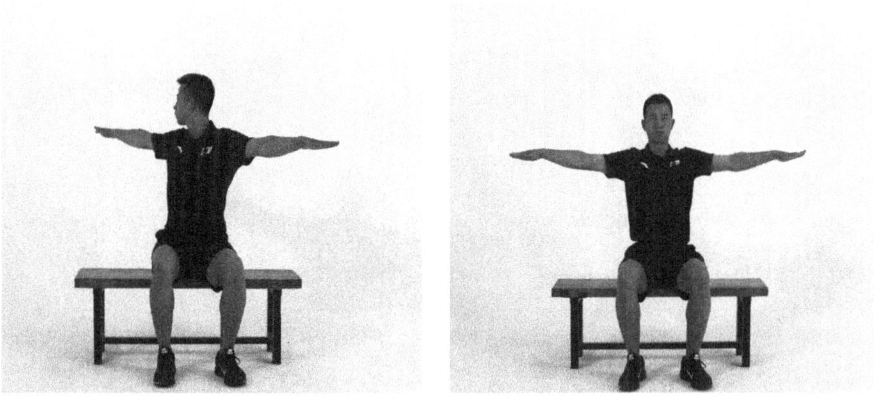

图5-65

（四）单臂肩部绕环控制

练习目标：改善运动员肩关节灵活能力。

练习方法：在高压氧舱环境下，运动员单臂手持适合重量的哑铃坐于训练凳或轮椅上，腰背正直，教练员发出“开始”口令后，运动员闭上双眼，手臂侧举保持大臂小臂一条线，并且与躯干夹角呈90°后开始直臂画圆动作，将画的圆比作一个钟表，教练员发出“3、6、9、12点”口令后运动员按照钟表中所对应的位置停住5秒钟，之后重复之前练习，见图5–66。

练习要领：均匀呼吸，手臂画圈时不要屈臂，练习过程中保持上半身稳定。

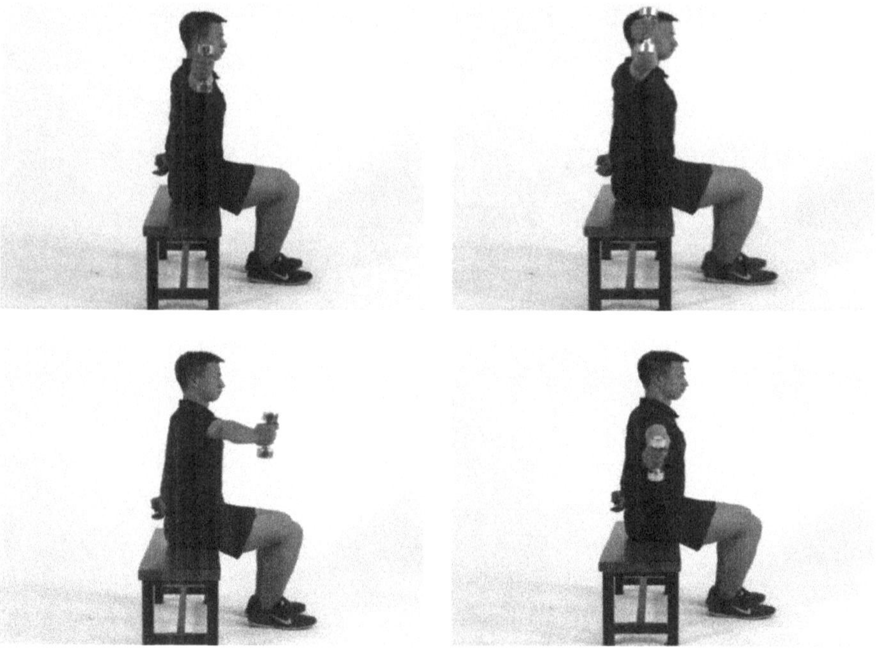

图5–66

（五）单手前推练习

练习目标：改善运动员本体感觉。

练习方法：运动员手持杠铃杆代替投壶杆，单手模拟前推冰壶动作，教练员规定重复前推次数以及时间，运动员在完成规定前推次数的同时要符合时间要求，时间误差上下不超过2秒，见图5-67。

练习要领：重复投壶动作按照技术要求进行。

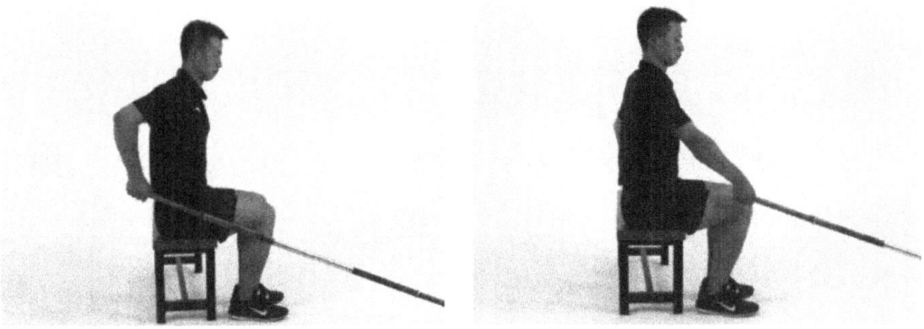

图5-67

（六）握力器控制练习

练习目标：改善运动员本体感觉。

练习方法：运动员呈坐姿，手持握力器，教练员规定运动员握力值，运动员左右手分别进行握力测试，握力值大小与规定值误差不超过两牛，见图5-68。

练习要领：握力值尽量保持在规定区间里。

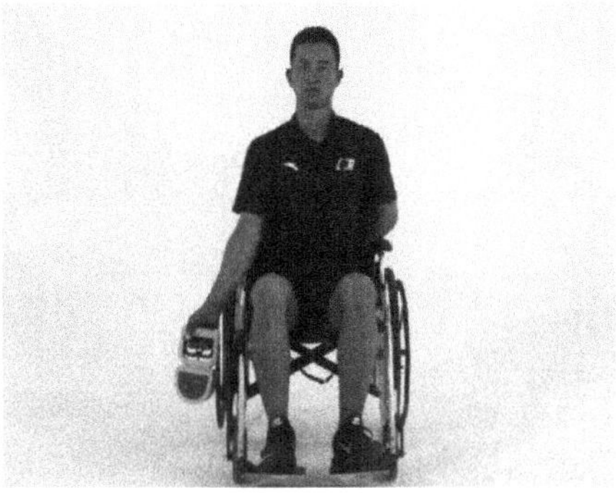

图5-68

第六章　我国轮椅冰壶运动员恢复再生理论与方法

恢复再生是运动训练的重要部分。恢复指通过适当的身体活动和适宜的补给，帮助运动员在生理和心理上解决大量训练和比赛导致的身体和心理的疲劳，有效加快机体的恢复。再生指通过有目的、有计划的训练，帮助运动员从沉重疲劳的训练中恢复过来，如同对机体的“维修”和“保养”。恢复速度越快，适应训练的能力就越强，就能越快地挑战更高强度的负荷。这就意味着能力的更快增长和提高。换句话说，恢复再生是完成目标与否的关键。

轮椅冰壶运动员长时间坐在轮椅上，生活和训练中动作姿势均较为单一，使得轮椅冰壶运动员上肢和核心区运动负荷大，容易产生局部区域疲劳累积甚至劳损。因此，轮椅冰壶运动员的恢复再生训练显得尤为重要。

第一节 恢复再生的种类

一、拉伸

（一）静态拉伸

拉伸分为动态拉伸和静态拉伸。动态拉伸多用于准备活动中，静态拉伸多用于恢复再生部分。根据拉伸的主动和被动关系静态拉伸分为主动静态拉伸和被动静态拉伸。主动静态拉抻指通过缓慢的动作将肌肉、韧带等组织拉长到一定程度时，保持静止不动状态的练习方法；被动静态拉伸是指由他人或器械对被拉伸者进行牵拉，在整个牵拉的过程中被牵拉的肌肉放松且不参与发力。运动后的静态拉伸可以缓解、消除肌肉痉挛，改善肌肉血液循环，减轻肌肉酸痛和消除局部疲劳，有效预防运动损伤，为下一次运动做好准备。相关研究证明，抗阻训练后通过静态拉伸练习可以延迟酸痛，避免因抗阻练习引起的结缔组织增厚对关节柔韧性的影响，改善关节周围肌肉组织的弹性回缩力，提高肌肉的收缩效果。静态拉伸练习时应使身体处于合适、放松和便于牵拉的位置，牵拉的方向应和肌肉收缩的方向相反，根据自己柔韧程度牵拉至最大幅度并保持20 — 30秒。

（二）本体感觉神经肌肉性促进法

本体感觉神经肌肉性促进法（Proprioceptive Neuromuscular Facilitation，简称PNF），是以人体螺旋对角线模式为基础，通过刺激人体本体感受器来激活和募集最大数量的肌纤维参与活动，促进主动肌与拮抗肌的交互收缩与放松，从而增强神经兴奋、抑制的转换能力以及改变肌肉的张力，并能有效地扩大关节活动范围的一种拉伸方法。该方法可以通过激活肌肉的自主抑制和交互抑制，增大关节活动幅度的同时发展肌肉力量，具有较好的拉伸效果。训练后可根据相关动作重复2到3次。

（三）主动分离式拉伸法

主动分离式拉伸法（Active Isolated Stretching，简称AIS），是借助牵拉绳或同伴，通过主动收缩拮抗肌，利用主动肌与拮抗肌交互抑制的作用，从而增加拮抗肌柔韧性和关节活动幅度的牵拉方法。以牵拉绳为例，在牵拉目标肌群前主动收缩其拮抗肌，然后再单独对目标肌群进行助力式牵拉，然后回到起始位置。该方法的牵拉效果一般较普通拉伸好。训练前后可根据相关动作重复8到10次。

二、按摩

按摩可加速血液和淋巴循环，有效地消除肌肉僵硬和局部疲劳，缓解关节疼痛。运动后的按摩应根据练习的内容有针对性地进行。如时间允许，可在全身按摩之后再对运动中负荷量大的肌群重点按摩。按摩时以揉捏为主，并交替使用按压、抖动、扣打等手法，对大的肌群可要求同伴采取肘顶和脚踩的方式进行深层次按摩。应注意按摩的顺序：由下到上，由大到小，先浅后深。即：先从下肢开始依次到腰、上肢，先放松大肌群，再放松小肌群，先放松浅层肌肉，再放松深层肌肉。按摩时间应根据运动的负荷强度及运动员感知来决定。

（一）泡沫轴

泡沫轴按摩是利用练习者自身重量与泡沫轴相互作用产生的压力施加于练习者的肌肉及筋膜等软组织上，使练习者紧张的肌肉及筋膜产生放松的训练方式。泡沫轴按摩主要采用主动方式按压整块肌群。泡沫轴按摩不仅能延伸肌肉和肌腱，松解软组织黏连和疤痕组织，同时能增加血液的流动和软组织循环。泡沫轴分为坚硬、中、低密度三种，越坚硬的泡沫轴，刺激感越强烈，深层放松效果更好。若肌肉在使用泡沫轴以后变得更加疼痛、紧张，可能因为泡沫轴选择不合适，需及时更换密度更小的泡沫轴。

（二）按摩棒

按摩棒是用于肌筋膜放松、深层组织按摩的一种器械。按摩棒按摩可采用主动或被动的方式。按摩棒脊状线的设计，有助于方便不同区域间的按摩。通过按摩棒的按摩，有助于改善特定区域的血液流量与循环，有助于通过抑制疼痛传导通路，提升肌肉温度，增强肌肉延展性。

（三）按摩球

按摩球一般采用pvc材料制作而成，也可用网球或高尔夫球代替。按摩球主要能减少肌肉紧张，增加骨盆、大腿、小腿以及特定关节的柔韧性。正确使用按摩球可以有效地进行自我按摩练习或者肌肉放松，提高运动按摩的效果。

（四）筋膜枪

筋膜枪也称深层筋膜冲击仪，筋膜枪按摩是一种高频次冲击式的放松方式，通过不同频率对肌肉的冲击达到放松肌肉的效果。肌肉筋膜按摩枪通过深而有力的震动刺激，放松筋膜及僵硬紧张的肌肉，使紧绷的软组织松弛下来，促进血液的循环，使局部肌肉的血流量增多，能够有效消除运动后产生的乳酸，大大缩短肌肉恢复时间。

第二节　恢复再生训练方法

轮椅冰壶运动员伤病部位主要集中在腰、颈、肩、腕，伤病形式主要是劳损。究其原因，多为大负荷训练后恢复不便或恢复不及时。轮椅冰壶运动员的恢复再生方法主要包括拉伸及按摩。

一、拉抻

（一）腕屈肌主动静态拉伸

练习目标：桡侧腕屈肌、尺侧腕屈肌。

练习方法：运动员选择舒适或恰当的姿势坐好，挺胸、抬头、背部收紧，一侧手前平举与肩同高，手指向上，掌心朝前，另一侧手紧握对侧手手指，向后拉动。回到初始位置，换对侧重复。保持静力性收缩10—30秒，3—5组，见图6-1。

动作要领：身体保持正直，一只手拉住被拉伸手的手指。

易犯错误：拉伸部位不正确。

图6-1

（二）腕伸肌主动静态拉伸

练习目标： 提高桡侧短伸肌、桡侧长伸肌、尺侧腕伸肌的柔韧性。

练习方法： 运动员选择舒适或恰当的姿势坐好，挺胸、抬头、背部收紧，一侧手前平举与肩同高，手指向下，掌心朝后，另一侧手紧握对侧手手指，向后拉动。回到初始位置，换对侧重复。保持静力性收缩10—30秒，3—5组，见图6–2。

动作要领： 身体保持正直，一只手拉住被拉伸手的手指。

易犯错误： 拉伸部位不正确。

图6–2

（三）肱二头肌主动静态拉伸

练习目标： 牵拉肱二头肌，提高关节活动度和柔韧性。

练习方法： 运动员选择舒适或恰当的姿势坐好，将手臂内旋，两臂伸直尽力向后延伸，并稍低于肩，见图6–3。

动作要领： 把握施力的方向，使肩关节、肘关节、桡尺关节充分得到伸展。

易犯错误： 发力不正确，手臂没有完全伸直。

图6–3

（四）肱三头肌主动静态拉伸

练习目标：牵拉肱三头肌，提高关节活动度和柔韧性。

练习方法：运动员呈坐姿，将另一侧手臂的肘关节尽力折叠，手掌落在肩胛骨中间，另一侧手握住肘关节上方拉向头部，见图6–4。

动作要领：把握施力的方向，预先使肘关节充分折叠，进而增加肩关节屈曲的角度。

易犯错误：身体出现晃动，肘关节角度无法得到最佳。

图6–4

（五）三角肌后束主动静态拉伸

练习目标： 牵拉三角肌，提高关节活动度和柔韧性。

练习方法： 运动员上体保持正直，将一侧手臂抬至水平内收位置，拇指向下，用对侧手臂扶住肘关节上方，拉至躯干方向，见图6–5。

动作要领： 保持躯干稳定，身体重心不变，控制发力的大小和方向。

易犯错误： 身体出现晃动，肘关节没有完全伸直。

图6–5

（六）胸大肌主动静态拉伸

练习目标： 牵拉胸大肌，提高关节活动度和柔韧性。

练习方法： 运动员呈坐姿，躯干保持正直，双手放于大腿外侧。肘关节向后，同时躯干向前运动，挺胸，收肩胛骨，见图6–6。

动作要领： 保持躯干一条直线，挺胸，收肩胛骨。

易犯错误： 躯干不在一条直线，未挺胸，收肩胛骨。

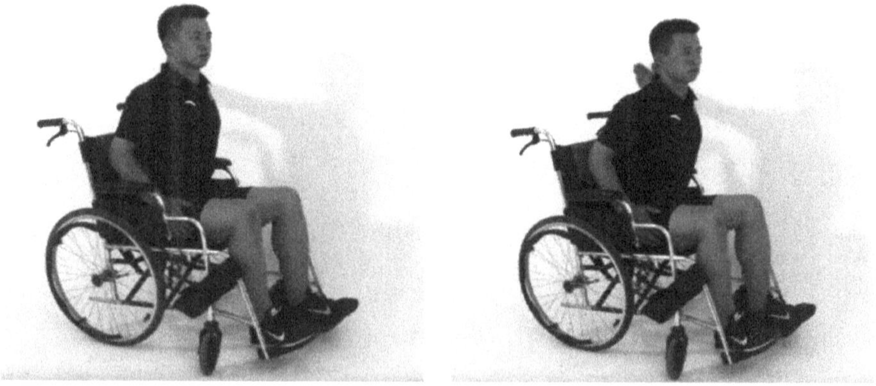

图6–6

（七）背阔肌主动静态拉伸

练习目标：牵拉背阔肌，提高关节活动度和柔韧性。

练习方法：运动员双手扶住固定物，将手臂伸直，躯干前倾，使手臂和躯干在一条直线上，身体重心向后、向下缓慢拉伸，见图6–7。

动作要领：背部保持直立。

易犯错误：弯腰弓背。

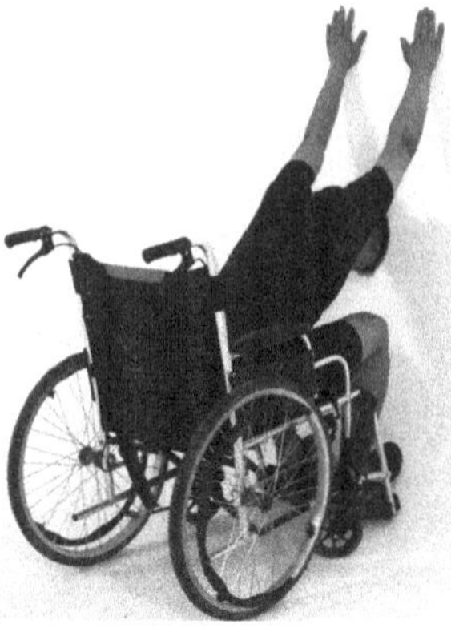

图6–7

（八）腹直肌主动静态拉伸

练习目标：牵拉腹直肌。

练习方法：运动员俯卧在垫子上，前臂支撑在胸部正下方，将上体缓慢抬起，见图6–8。

动作要领：保持地板和髋关节之间的压力，上体缓慢抬起，放松肩部，保持肩部向下并远离耳朵。

易犯错误：骨盆离开垫子，造成髋关节拉伸。

图6–8

（九）肱三头肌PNF拉伸——双人

练习目标：牵拉肱三头肌。

练习方法：运动员俯卧于训练凳上，头转向一侧。右侧肩肘关节屈曲，直到手可以摸到肩胛骨，上臂尽可能地贴近耳朵肱骨的后面且朝向地面，而不是翻向外侧。牵拉者握住运动员肘部的后面，给予一定的阻力，让运动员与牵拉者对抗将肘指向地面，肱三头肌等长收缩6秒钟。最后运动员放松后继续进行静态被动拉伸，同时肱二头肌收缩，保持30秒。上述动作重复练习2—3次，见图6–9。

动作要领：运动员肱二头肌收缩，使手伸向背部后下更远处，从而加大肱三头肌的牵拉幅度。

图6–9

(十)胸大肌PNF拉伸——双人

练习目标：牵拉胸大肌。

练习方法：运动员仰卧在训练凳上，将脸部转向一侧，右臂外展90°，外旋，上臂放于训练凳上，牵拉者蹲在运动员右侧，用右前臂紧贴运动员右前臂并将右上臂抬起，在这过程中要保持前臂保持水平位，并确保胸背部不能离开训练凳，在运动员感觉中等程度拉伸保持10秒以后，牵拉者继续施加外力，运动员要对抗外力并保持等长收缩6秒，最后运动员放松后继续进行静态被动拉伸，同时菱形肌与斜方肌中部收缩，保持30秒。上述动作重复练习2—3次，见图6–10。

动作要领：运动员背部要紧贴训练凳，确保菱形肌处于放松状态。

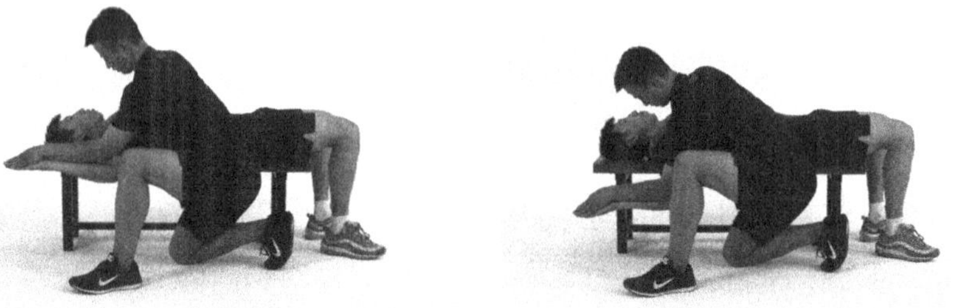

图6–10

（十一）肱三头肌AIS拉伸

练习目标：增加肱三头肌及肩袖的柔韧性。

练习方法：运动员坐于垫子上，右手握绳，放于颈部后面，使肘关节向上。左手握住绳子的另一端，放于腰部后面，掌心向外。左手向下发力，拉伸右手。感受肱三头肌、背阔肌及双肩前面拉伸。（注：如果运动员的柔韧性很好，双手能够在身体某一侧或双侧握住，就不需要用绳子了），见图6–11。

动作要领：沿脊柱方向积极向下牵拉，借助呼气增加拉伸幅度。

图6–11

二、按摩

（一）肩颈部筋膜被动按摩棒放松——双人

练习目标：放松肩部筋膜软组织。

练习方法：运动员坐于地面，放松，另一人双手持按摩棒在其肩颈部来回滚动，从颈后到肩上全程进行滚动放松，见图6–12。

动作要领：要注意从颈后到肩上按照肌肉走向来回放松。

易犯错误：按摩时运动员肩颈肌群紧张、未放松。

图6-12

（二）肱二头肌筋膜被动按摩棒放松——双人

练习目标：放松手臂筋膜软组织。

练习方法：一人坐于地面，放松，另一人双手持按摩棒在其肱二头肌来回滚动，从大臂内侧上全程进行滚动放松，见图6-13。

动作要领：要注意从大臂内侧按照肌肉走向来回放松。

易犯错误：按摩时运动员肱二头肌紧张、未放松。

图6-13

（三）肱三头肌筋膜被动按摩棒放松——双人

练习目标：放松手臂筋膜软组织。

练习方法：一人坐于地面，放松，另一人双手持按摩棒在其肱三头肌来回滚动，从大臂外侧上全程进行滚动放松，见图6–14。

动作要领：要注意从大臂外侧按照肌肉走向来回放松。

易犯错误：按摩时运动员肱三头肌紧张、未放松。

图6–14

（四）三角肌筋膜被动按摩棒放松——双人

练习目标：放松肩部筋膜软组织。

练习方法：一人坐于地面，放松，另一人双手持按摩棒在其三角肌来回滚动，见图6–15。

动作要领：要注意按照肌肉走向来回放松。

易犯错误：按摩时运动员三角肌紧张、未放松。

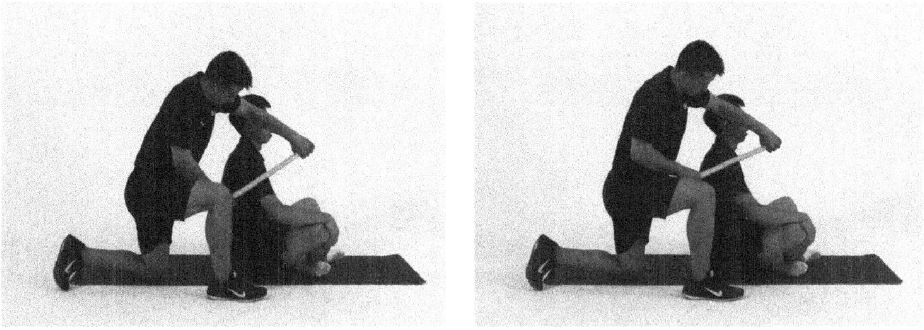

图6–15

（五）前臂筋膜被动按摩棒放松——双人

练习目标：放松前臂筋膜软组织。

练习方法：一人坐于地面，放松，另一人双手持按摩棒在其前臂处来回滚动，被放松者需要配合向内、向外转动前臂，见图6–16。

动作要领：要注意按照肌肉走向来回放松。

易犯错误：按摩时运动员前臂肌群紧张、未放松。

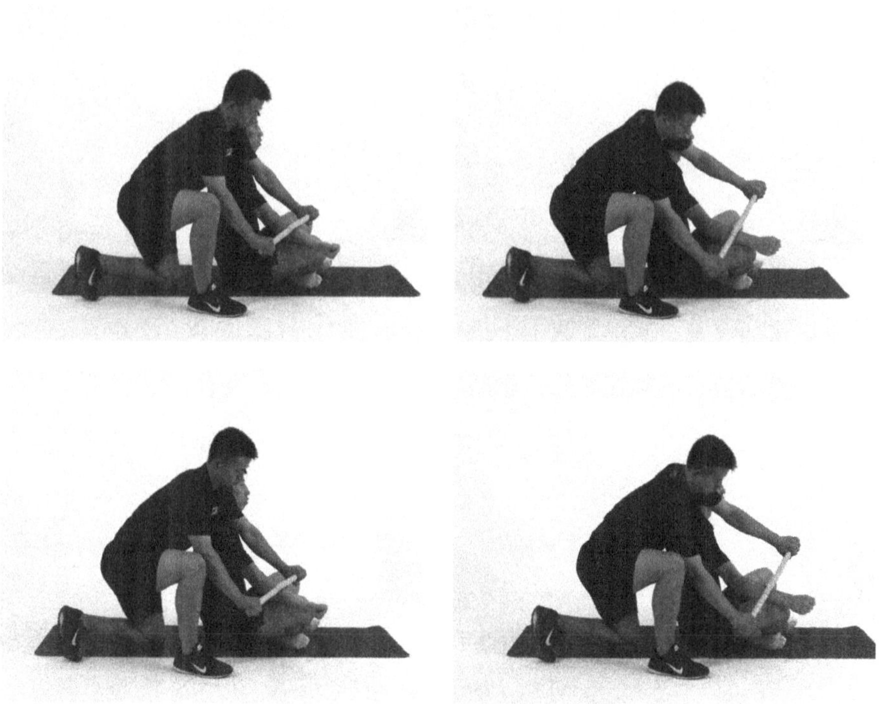

图6–16

（六）臀大肌筋膜被动按摩棒放松——双人

练习目标：放松臀部筋膜软组织。

练习方法：一人俯卧于垫子上，放松，另一人双手持按摩棒在其臀大肌处来回滚动，从臀部上全程进行滚动放松，见图6–17。

动作要领： 要注意按照肌肉走向来回放松。

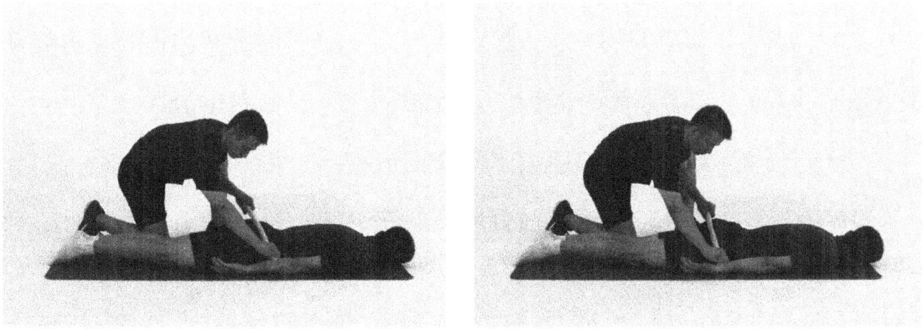

图6-17

（七）腰部筋膜按摩棒放松——双人

练习目标： 放松腰部筋膜软组织。

练习方法： 运动员俯卧于垫上，另一人双手握住按摩棒两端置于运动员身后腰部位置，双手同时上下进行滚动按摩，见图6-18。

动作要领： 滚轴在腰部按摩时，用力不要过大以免伤害到脊椎。

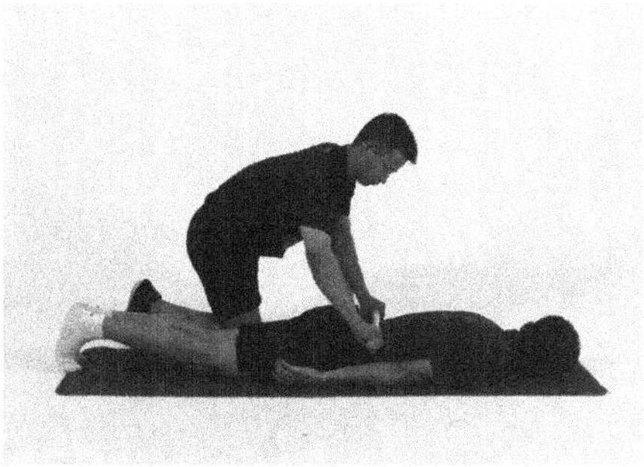

图6-18

（八）大腿前侧筋膜按摩棒放松

练习目标： 放松大腿前侧筋膜软组织。

练习方法： 运动员坐于训练垫上，两腿伸直，双手握住按摩棒两端置于大腿前，身体前倾，用上身压力进行滚动按摩，交替，见图6–19。

动作要领：按照肌肉走向按摩，屈膝放松，大腿不要过于紧张。

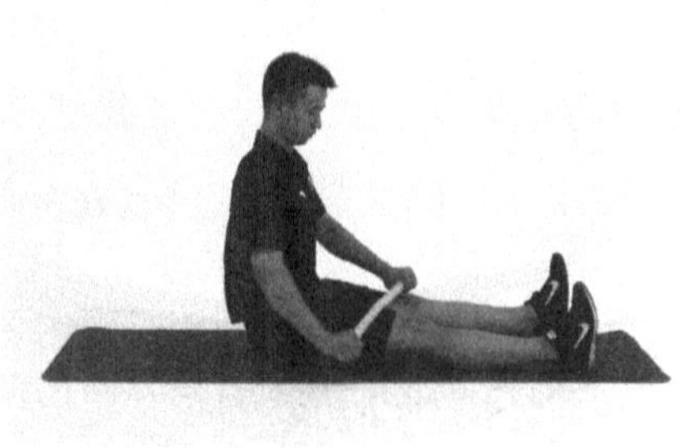

图6–19

（九）胸大肌筋膜枪放松

练习目标：放松胸大肌筋膜软组织。

练习方法：运动员呈放松坐姿，一手持筋膜枪并将其调节到合适震动频率，另一只手自然放置体前，用筋膜枪头部打击胸大肌整块肌肉，顺着或垂直于肌纤维的方向来反复松解，找到胸部扳机点后，可以在扳机点处稍用力按压，对同一部位应控制在3到5分钟以内，见图6–20。

动作要领：肩胛骨收紧保证胸大肌处于放松状态。

图6–20

（十）大腿前侧筋膜筋膜枪放松

练习目标：放松股四头肌筋膜软组织。

练习方法：运动员呈放松坐姿，一手持筋膜枪并将其调节到合适震动频率，另一只手自然放置大腿前侧，用筋膜枪头部打击大腿前侧整块肌肉，顺着或垂直于肌纤维的方向来反复松解，找到大腿部扳机点后，可以在扳机点处稍用力按压，对同一部位应控制在3到5分钟以内，见图6–21。

动作要领：避免击打到骨骼，前后左右多方向按摩。

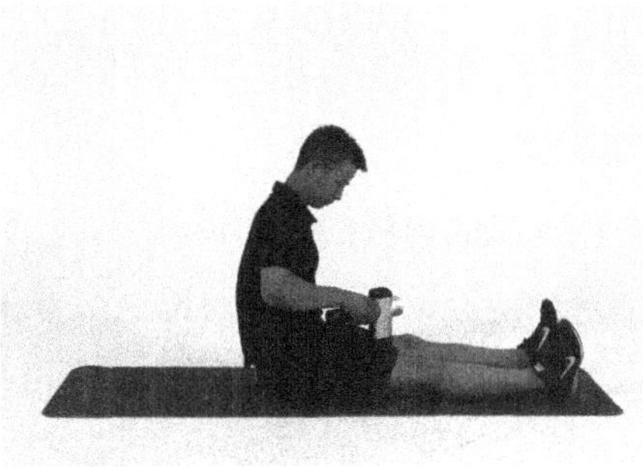

图6–21

（十一）菱形肌筋膜枪放松——双人

练习目标：放松背部肌群筋膜软组织。

练习方法：运动员找适当姿势坐好，身体自然放松，按摩者手持筋膜枪，将筋膜枪调节到合适震动频率，用手找到被放松运动员的菱形肌位置，用筋膜枪头部打击菱形肌整块肌肉，顺着或垂直于肌纤维的方向来反复松解，找到扳机点后稍加暂停，对同一部位应控制在3到5分钟以内，见图6–22。

动作要领：一只手提前找到按摩肌群，避免击打到骨骼，前后左右多方向按摩。

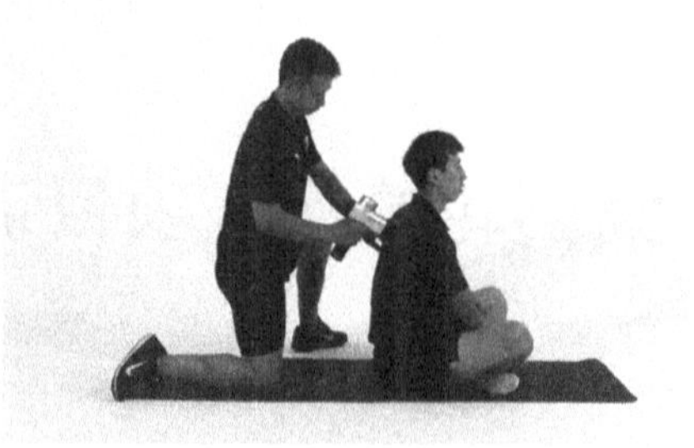

图6–22

（十二）斜方肌筋膜枪放松——双人

练习目标：放松斜方肌筋膜软组织。

练习方法：运动员找适当姿势坐好，身体自然放松，双手自然下垂放松斜方肌，按摩者一手持筋膜枪并将其调节到合适震动频率，用手找到被放松运动员的斜方肌位置，用筋膜枪头部打击斜方肌整块肌肉，顺着或垂直于肌纤维的方向来反复松解，找到扳机点后稍加暂停，对同一部位应控制在3到5分钟以内，见图6–23。

动作要领：一只手提前找到按摩肌群，避免击打到骨骼，前后左右多方向按摩。

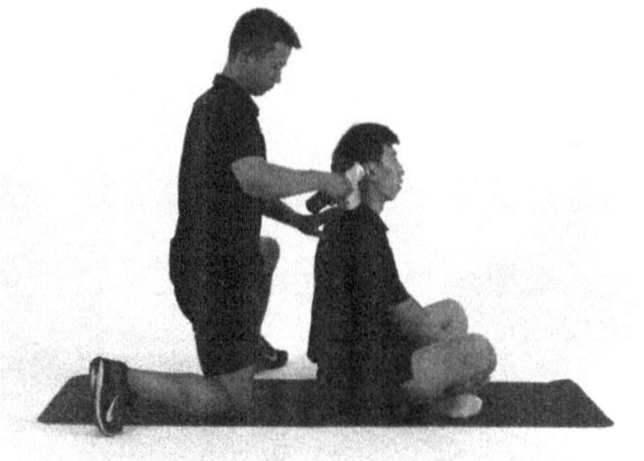

图6–23

第七章　我国轮椅冰壶项目训练设计

第一节　训练原则

训练的主要目的是提高运动员的运动技能，并最终提升运动表现水平。训练原则是训练理论的一部分，是训练理论和方法的基础，不能孤立看待。但是，人们习惯于把这个部分单独列出来学习，以便对基本概念有更好的了解。正确使用这些训练原则，能够帮助教练员制定一个卓有成效的训练计划，并提升运动员的训练水平。

一、科学化原则

（一）负荷渐进

运动员运动能力提升的直接原因是在训练中所完成的训练量和训练质量的提高。在运动员从初级水平到高水平的发展过程中，训练负荷必须逐渐增加，并根据每名运动员的生理和心理能力，以及运动承受能力，进行周期性的调整。

训练负荷可以视为训练强度、训练量和训练频率的结合体，它取决于运动员的训练专项化程度和运动能力提升的水平。运动员的准备程度、训练负荷和承受训练的能力之间存在复杂的交互关系。训练负荷的应用能够让运动员产生一系列的生理反应以适应训练刺激。这种适应可以提高运动员的准备程度、训练耐受力和运动能力。随着运动员对训练负荷的适应，必须加大训练负荷才能持续产生生理适应。

训练负荷可根据生理适应效果简单分成刺激、保持和停训3种类型。刺激型负荷高于运动员的常规训练负荷，而停训型负荷远小于常规负荷。停训型负荷最终会导致运动员准备程度和运动能力的下降。保持型负荷处于这两类负荷之间，即运动员的常规训练负荷。保持型负荷可以让运动员在保持准备程度的同时进行身体恢复。随着运动员对刺激负荷的适应，这个负荷就转成了保持型负荷，而之前的保持型负荷就成为停训型负荷。因此，负荷分类是一个相对变化的概念，随着运动员适应程度的变化而变化，所以教练必须在训练的周期安排中特别注意训练负荷的顺序。

正确的训练负荷顺序应该是逐步增大，并最终带来运动能力的提升。如果训练负荷突然大幅度地增加，那么身体需要花费更多时间去形成生理适应，并达到一定的运动表现水平。负荷的突然增加会带来运动员适应的终止和受伤概率的增加。恢复和适应需要的时间与训练负荷突然增加的幅度有直接的关系。

（二）适时恢复

在运动员疲劳达到一定程度时，教练应依照训练的统一计划，适时安排必要的恢复性训练，采取有效的恢复措施，使运动员的机体迅速得到充分的恢复和提高。及时消除运动员在训练中所产生的疲劳，并通过生物适应过程产生超量恢复，从而有效提高运动员机体能力。

在训练过程中掌握好关键的时机是非常重要的。练到什么时候该“歇”，疲劳到什么时候该“调”，必须要准确地予以把握，才能保证训练的成功。训练疲劳对机体的刺激若达不到必要的深度，没练多少就要调整、恢复，就不会取得理想的训练效果。但如果该调不调，负荷过度，则会引起劣变，对心理和生理造成严重损伤。

准确判别运动员疲劳程度，是适时恢复的前提。运动员疲劳程度的判别，通常根据自我感觉和外部观察进行，也常常采用一些比较客观的生理和心理测试的方法。自我感觉是简单有效的判别方法，当运动员在疲劳时，会出现肌肉僵硬、局部酸痛、四肢无力、胸部发闷等情况。外部观察是教练员常用的判别运动员疲劳程度的方法，在训练过程中，当运动员出现面色苍白、反应迟钝、精力不集中、动作无力等现象时，可初步判定疲劳已经产生并加深到一定程度。在通过生理指标判别疲劳与恢复程度时，可采用呼吸肌耐力测定、体位血压反射测定、肌张力测定、心电测定和肌电测定等。心理学方法主要通过RPE自我疲劳感觉表和RPR自我恢复感觉表判定运动员的疲劳及恢复程度。

当运动员产生疲劳后，要积极采取加速机体恢复的适宜措施，否则会导致运动员产生运动损伤。加速机体恢复一般采用训练学、医学、生物学、营养学和心理学的恢复手段进行。在训练学恢复手段中，主要通过变换训练内容和训练环境，交替安排负荷，调整训练间歇的时间和方式，在训练课中穿插和采用一些轻松愉快、富有节奏性的练习等进行恢复。在运动员训练后更多采用的是医学和生物学恢复手段，如水浴、蒸气浴、氮水浴，或按摩、电兴奋和电睡眠等。由于运动时运动员的能量消耗大，运动后的能量补充除了考虑补充物的数量，还应注意各种营养素的合理搭配。另外，运动员还可以通过自我暗示、放松训练等心理学手段进行恢复。

二、多元化原则

多元化原则的理念在诸多人类活动中都被提倡。在运动领域中，多元化发展或者身体的全面发展也是非常有必要的。在运动员早期发展阶段，运用多元化发展计划极其重要。在运动员能力形成的过程中，多元化发展可以为之后专项化训练成为侧重点时打下坚实的基础。如果计划合理，多元化训练阶段可以帮助运动员打好身体和心理方面的基础，满足职业生涯后期最优化运动表现的需求。假如运动员按照合适的顺序进行训练，并且在早期发展阶段打好多元化训练的基础，那么运动员身体上的准备会更加充分，还能够熟练掌握技术，最终实现更高水平的运动表现。

随着身体的逐渐成熟，运动员的训练由多元化训练向专项化训练递进，这种发展顺序似乎是实现最高运动水平的前提条件。图7–1展示了长期训练的顺序模型。金字塔底端代表了多元化训练发展阶段，也是训练计划的基础。该部分训练计划包含了多元动作发展、多项目技能，以及一些专项技能。在此期间运动员进行的多元化训练能够促进儿童生理系统的全面发展。例如，在这个训练阶段，神经肌肉、心血管和能量系统通过多种方式得以激活，以实现身体的平衡发展。当运动员的发展，尤其是身体发展，达到了一个可接受的水平，那么他便可以进入第二个训练发展阶段，也就是更大程度的专项化训练发展阶段。

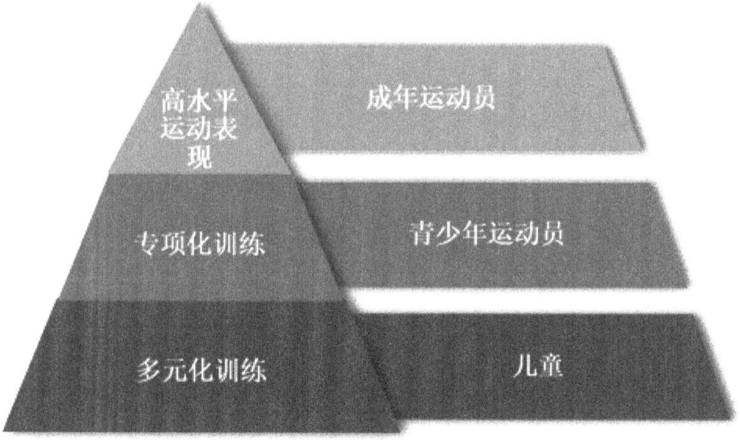

图7–1　运动员长期训练的顺序模型

多元化训练发展阶段并没有排除专项化训练。相反，专项化训练存在于训练计划中的每一个阶段，只不过所占比例不同。如图7–2所示，在多元化训练发展阶段，专项化训练的比例非常小。随着运动员身体的不断成熟，专项化训练的程度逐步加大。很多人认为多元化训练发展阶段是后续发展的基础，并且可以帮助运动员避免因过度训练造成的损伤和对训练产生的厌倦。

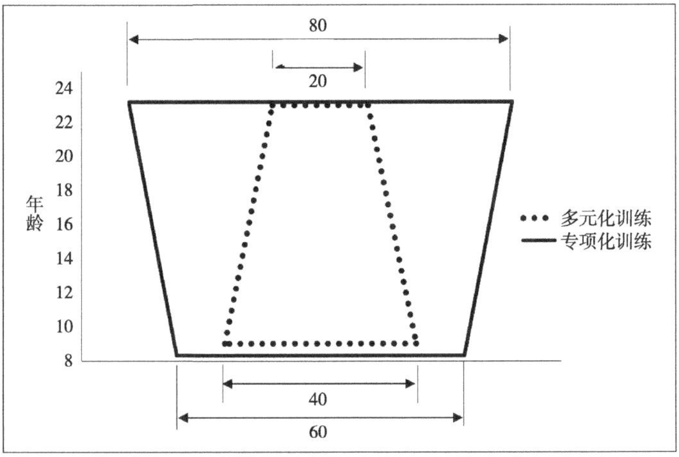

图7–2　早期专项化和多元化训练发展对比

在运动员发展的早期阶段，教练应该考虑将多元化训练视为未来专项化训练和熟练运用运动技能的基础。儿童和青少年的训练要以多元化训练为主。这个发展阶段侧重的是全面发展运动员身体和心理的特质。这个阶段必不可少的身体技能包括跑、跳、爬和投掷等自然性动作。另外，在此发展阶段，提升速度、灵敏性、协调性、柔韧性和基础性心肺能力也非常重要。这些训练目标最好通过各种能够发展多种运动能力的活动来实现。在此过程中，年轻运动员会被教授多种运动技术，其中也包括特定运动项目的相关技术。随着运动员水平的提升和多元化训练的减少，这些技能都将会被应用。

在某种程度上，运动员在职业生涯的各阶段中都应该进行多元化训练。在发展的早期阶段，多元化训练量最大，随着运动员水平的不断提升，多元化训练量会逐渐减少。在运动员的职业生涯中，多元化训练对于优化后续专项化训练的效果起着重要的作用。

三、专项化原则

不管是在田径场上、游泳池里，还是在体育馆里进行训练，运动员最终都会专门从事某一项运动。运动训练会产生与动作模式、代谢需求、发力模式、收缩类型和肌肉募集模式有关的生理适应。所采用的不同的训练类型对运动员生理学特征具有不同的特定效果。比如，耐力训练可以同时刺激中枢和外周适应，这包括改变神经募集模式、改变生物能量或代谢因素，以及刺激骨骼肌的重要改变。力量训练会显著改变肌肉收缩机制、神经肌肉系统，以及生物能量或代谢系统。研究表明，为应对不同模式的力量和耐力训练，骨骼肌会展现出极大的可塑性。训练类型不同，不同的分子信号路线也会出现激活和去激活现象。专项化适应不仅仅局限于生理学的反应，技术、战术和心理素质也会对专项化训练做出反应。每一项体育活动都可能发展运动员的特质，使其达到更高的运动水平。

专项化训练是一个复杂的、非单边的，且基于多元化训练的过程。随着运动员慢慢从一个初学者发展成为一个熟练掌握其训练项目运动技能的成熟运动员，其总训练量和强度会逐步增加，专项化程度也是如此。多名学者认为，只有在形成较好的多元化基础之后，运动员才会对与专项相关的练习和发展特定运动能力的练习产生最佳的训练适应。与专项训练相关的练习是指相似或模拟运动项目的练习，发展特定运动能力的练习是指发展力量、速度和耐力的练习。这两种练习的比例会因为具体项目的特征不同而变化。例如，长跑中约90%的训练量是专项训练。而其他运动项目中，如跳高，专项训练的训练量只占40%，其余的训练量主要是发展腿部力量和跳跃爆发力。训练高水平运动员时，专项训练的训练量应该只占全部训练时间的60% — 80%（如图7–2），而剩余的时间需要进行运动能力的训练。

考虑到当今运动员成熟年龄逐渐下降的趋势，教练应该仔细考量多元化训练和专项化训练之间的比例。在一些运动项目中，运动员在年龄较小时就达到了一个较高的运动水平，这些项目的运动员就需要更早地进行专项训练。

四、个性化原则

个性化原则是现代训练的主要要求之一。坚持个性化原则要求教练员不管运动员水平如何，都要考虑他们的能力、潜力、学习特征和所在运动项目的需求。每名运动员都有自己的身体和心理特征，制定训练计划时需要考虑到这些特征。

一些教练往往会照搬之前成功运动员的训练计划，或制定完全忽视运动员训练经历、能力和身体状况的训练计划，采用不科学的训练方法。更糟糕的是，一些教练把训练高水平运动员的计划用于青少年运动员，而这些运动员根本不具备这些训练计划所需的身体素质、生理学基础以及心理素质，导致年轻运动员无论是在心理上还是在身体上都无法承受高水平运动员的训练计划。因此教练必须要充分了解运动员的需求，并且制定符合运动员需求的训练计划。

（一）根据运动员承受水平制定计划

训练计划必须基于针对运动员生理和心理特征所作的全面分析结果，这可以让教练深入了解运动员的运动水平。个体训练能力由以下因素决定。

1.生理年龄：相比实际年龄，运动员的生理年龄被认为能更准确地反映个体身体能力的潜力。最好的生理年龄指标之一是性成熟，因为其标志着循环睾酮水平的增加。运动员身体发育越成熟，生理年龄也就越高，相比于生理年龄相对较小的同龄人，其在团队运动项目中会表现得更强壮、更快、更好。

2.训练年龄：训练年龄是指运动员为一项体育运动做准备的年限，这与生理年龄和实际年龄有很大的区别。训练年龄大的运动员已经经历了大量的基础性训练，其很可能已经达到了参加专项化训练计划的要求，尤其是早期进行过多元化训练的运动员。实际年龄较大而训练年龄小的运动员则需要更多的多元化训练和技能习得训练，这是因为他们缺乏达到高专项化训练所需要的训练基础。

3.训练史：运动员的训练史会影响他们的运动能力。与没有参加过良好训练的运动员相比，进行过大量多元化训练的运动员更有可能发挥其身体潜力，且更有可能为难度更大的训练做好准备。

4.健康状态：身患疾病或受伤的运动员运动能力会下降，并且通常不能承受计划的训练负荷。疾病类型或受伤程度，以及生理基础共同决定了运动员能够承受的训练负荷。教练必须监测运动员的身体状态，以确定合适的训练负荷。

5.应激和恢复速率：运动员承受训练负荷的能力通常与运动员遇到的各种应激有关。整体应激源都是额外的，对运动员有高要求的因素都能影响运动员对训练负荷的承受力。比如，学校、工作和家庭活动占用时间过多会影响运动员承受训练负荷的能力；工作、学习和训练之间来回转换会进一步增加运动员承受的应激水平。教练应该考虑这些因素，并对训练负荷进行相应地调整。

（二）个性化安排训练负荷

运动员适应训练负荷的程度取决于个人能力。如前所述，很多因素都会影响运动员对训练负荷和训练渐进的反应：运动员的训练史、健康状态、生活压力、实际年龄、生理年龄和训练年龄。简单照搬高水平运动员的训练计划并不能提高运动员的运动水平。相反，教练必须通过制定一个个性化的训练计划，来适应运动员的需求和能力，这就要求教练要仔细观察运动员的技术和战术能力、身体特征、强项和弱项。

（三）考虑性别差异

性别差异对运动员的运动水平和个性化训练的适应程度有着至关重要的影响。青春期前男女的身高、体重、体围、骨宽度和皮褶厚度基本相似，进入青春期后，男女的身体特性开始表现出明显的不同。青春期后，女生的体脂水平更高，去脂体重更低，体重较轻。运动能力方面，男女在肌肉质量和力量、无氧功和能力，以及最大有氧能力和专项成绩方面都有显著的不同。

（四）体现训练的变化性

训练的变化性是产生训练适应的重要因素。新的训练会带来技能习得和表现水平的快速提高，但是长时间重复相同的训练计划或者负荷结构会减慢技能习得的速率，同时缺乏训练变化会导致单调性过度训练。长时间规律性地进行相同的训练刺激，最终会导致运动水平的下降，这也是一种训练过度。

训练的周期安排不仅可以降低训练的单一程度和运动员对训练的厌倦程度，还可以让训练阶段变得井然有序，相互之间形成功能适应，最终的目的是激发更好的生理适应。训练的周期安排是训练变化性和稳定性（单一性或重复性）之间的平衡手段。因此当谈及训练周期安排时，训练的变化性极其重要。对训练负荷和内容进行系统的变化可以让身体产生最佳的训练适应。如果训练缺乏变化，训练计划单一，那么运动水平就不可能达到最高。

训练计划的变化性可以通过多种方式来体现。例如，在小周期内，可以通过改变训练量、训练强度、训练频率，或者通过不同的练习选取来加入一些变化。通常情况下，如果小周期内安排的负荷指标变化性越大，那么这个阶段练习的选取则需要更加稳定。另一方面，如果小周期安排的负荷指标更稳定，那么练习的选取可以有更多的变化。

训练变化可以在小周期内或小周期间进行。比如，小周期内的某些天运动员每天可以进行多次训练，但是在其他天每天只进行一次训练。每日多课次训练被证明可以产生比每日单次课训练更好的生理适应。但是，每日训练频率的降低可以促进恢复，使运动员在后续的训练日或小周期内更加努力。

另外一种变化训练计划的方法是系统变化训练强度。小周期内变化训练强度可以让身体有时间适应训练刺激并进行恢复，这已经被证明可以提升生理适应。例如，当要控制一天的训练强度时，上午可以安排高强度训练，下午可以安排低强度训练。第二天可以减少训练量，让身体充分恢复，或者可以增加训练量以增加训练刺激。

训练变化性只会受限于教练创造性地运用科学原则的能力。训练变化性的应用应该基于对运动项目的生物能量学、运动中所用的运动模式和技能，以及运动员的发展水平或训练年龄的全面理解。与初级水平运动员相比，高水平运动员需要进行更多的负荷变化和更少的练习变化，而初级水平运动员由于训练基础不足，需要进行多种练习的训练。即使训练计划变化性较小，初级水平运动员也可以通过基础训练模式取得非常好的结果。

第二节　训练周期

教练可以在长期计划，例如4年计划和个人年度计划中安排不同的周期。年度计划可以进一步拆分为大周期计划和小周期计划。其中，大周期持续2—6周，小周期持续1周。

一、大周期

大周期一般包括2—6个小周期。小周期是为即将到来的一周安排训练，而大周期则用于安排未来几周的训练。因此，我们可以把大周期认为是关于未来几周计划的一般训练结构，而小周期则是根据特定目标而安排的实际计划。

（一）大周期的构建

尽管为了让运动员为各种训练活动做好准备的大周期计划都有一些相似性，但每一专项都有必须注意的不同要点。这些要点决定了大周期的结构。根据专项和训练阶段的不同，大周期的负荷结构和时长也不相同。因此，大周期的安排要考虑周全，以满足运动员的个人训练目标。

确定大周期的时长时，教练必须要考虑训练阶段。在准备期，大周期时长（4—7周）通常多于比赛期的大周期。大周期的时间跨度必须足够长，才能更好地提高运动员的身体运动能力、技术能力或战术能力。因此，确定大周期时长的方法之一是考虑完善一种能力所需要的时间。

大周期结构同样受比赛日程的影响。在比赛阶段，大周期时间跨度稍短，包含2—3个时长为1周的小周期。通常在大周期的末期会安排减负荷小周期，之后则是比赛。这种安排方式可以让教练了解运动员与目标表现水平相比进步的情况。如果在比赛阶段，运动员要在一个月内进行多场比赛，教练必须要确定哪一场比赛是最重要的。在这种大周期结构类型中，教练不要对小型比赛关注太多，因为小型比赛是训练的一种形式，目的是为教练提供反馈，教练要判断运动员是否为重要比赛做好了准备。因此，大周期的时长要包含最后一个可以过渡到重要比赛的小周期。

（二）大周期的结构

大周期的结构取决于训练目标、训练阶段和比赛日程。因此，年度训练计划的大周期要根据每个阶段的训练目标来进行调整（例如准备期、比赛期和恢复期）。

准备期的大周期主要目标是引发运动员生理、心理和技术的适应，这些均是运动表现的基础。在合理的年度训练计划中，准备期是计划中最重要的部分，并且可以决定比赛的成败。比赛期的大周期安排取决于比赛日程，有些集体性项目在整个赛季都要进行一周一赛或一周双赛，这些项目应该在整个赛季采用稳定的训练负荷安排模式。另外，还需为准备比赛而采用减负荷大周期，目的是消除疲劳、产生超量补偿。最后，恢复期的大周期也是年度训练计划中的重要部分。

二、小周期

在训练学中，小周期是年度计划中的周训练计划。小周期是训练过程中最重要的计划工具，小周期的训练内容决定了整个训练过程的质量。小周期要根据训练阶段的重点来设置训练目标、训练量、训练强度和训练方法。运动员所承受的生理和心理压力不能一直都是一样的。根据年度计划，教练要合理安排一般和专项负荷刺激，还必须考虑运动员承受负荷的能力、恢复以及比赛日程。小周期必须足够灵活，这样教练才能对某次训练课进行调整，以解决与训练课的训练目标相关的剩余疲劳（如内部负荷或准备程度）。当调整训练单元时，后续训练也必须调整，才能保持小周期的训练重点，并且确保达到该阶段的训练目标。

（一）小周期的构建

在决定小周期架构时，教练要考虑的主要问题是训练目标、训练要素，以及想要提高哪方面的运动表现水平。小周期中训练课的安排顺序极其重要，因为一次训练课产生的疲劳会显著影响接下来的训练课。例如，在某次训练课中，运动员主要专注于提升耐力，或者课程中包含高强度的刺激；在进行完这次训练课后，如果下一次训练课为技术训练课，那么第一次训练课中运动员产生的疲劳会影响下一次训练课中运动员技术能力的提升。因此，在整个小周期中安排训练刺激的顺序时，必须考虑疲劳积累的情况，这样才能保证最大限度地提高专项表现或身体运动能力。与训练课计划一样，小周期的构建应该致力于以下目标：

（1）技术和战术训练。

（2）速度、灵敏性和爆发力提升。

（3）力量提升。

（4）专项耐力提升。

在小周期期间，为了取得最大化的训练效果和适应性，教练要根据运动员的能力安排2—3次具有相似目标和内容的针对性训练。在此过程中极其重要的是所使用的训练刺激，因为训练所导致的疲劳会影响下次使用相同的刺激之前所需的恢复过程。例如，相较于不要求做到力竭的练习，如果要求运动员完成20次最大重复次数的力竭练习，那么运动员就需要更长的时间恢复。因此，在进行此类力量训练之前，需要确保有足够长的恢复时间。

当运动员和教练针对专项耐力使用次最大强度进行训练时，每周3次训练课就已足够。但是，如果在比赛阶段，教练要安排最大强度的专项耐力训练时，一般每周只进行两次这样的训练课，其他训练日则进行一些低强度的训练。运动员每周要进行1—2次训练课以维持力量、柔韧性和速度。对于快速伸缩复合训练、速度和灵敏性训练，最佳训练频率是每周2—3天。

在整个小周期中，训练负荷要有变化。最大负荷训练的频率每周不能超过两次，其他训练日则可以安排低强度的训练，或进行积极性休息。赛后，要为运动员安排积极性休息和放松时间。积极性休息或低强度训练要安排在小周期的不同训练日，尤其是在高负荷训练课后。

安排小周期计划时，教练应该在连续几个小周期中重复使用相同的基本训练架构，特别是在准备期。在大周期期间，相类似的小周期（例如训练内容和方法相同）可以重复使用2—3次；这种安排可以帮助运动员提高身体适应性并得到能力上的提高。这种小周期训练安排上的变化取决于运动员的发展水平。

（二）小周期的结构

小周期的结构取决于训练目标和训练阶段。据此，通常可以将它分为4类：提升、比赛、恢复–再生以及调整状态–减负荷小周期。

1. 提升小周期

提升小周期主要用于准备期，其目的是促进运动员的生理适应，提高技能以及身体运动能力。这样的周期中可以包括2—3个中负荷和高负荷要求的峰值。在此类小周期中，教练可以变换运动员所动用的能量系统，同时在训练负荷上也要有所变化。小周期的实际安排取决于运动员的水平、专项特征以及运动员所处的准备期的子阶段。表7-1所示为准备阶段早期的小周期安排，训练课的目的是提高运动员的早期适应和能力。

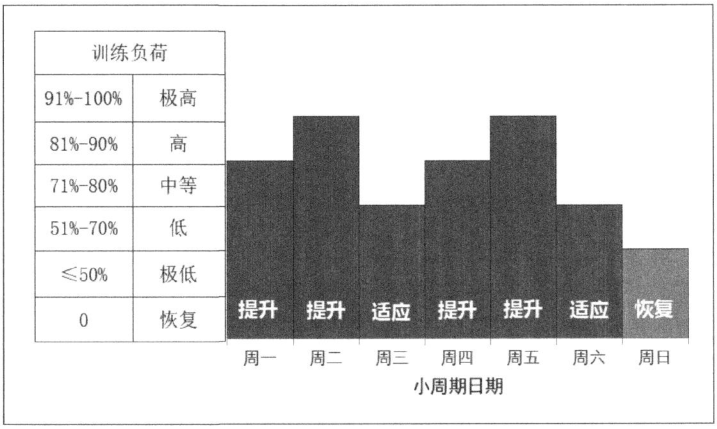

表7-1　提升小周期

2. 比赛期小周期

在比赛期，小周期的顺序取决于比赛日程。比赛时间也可以影响小周期中再生和减负荷训练日的安排。当制定比赛期的小周期时，所使用的形式会受专项要求的影响。在集体项目中，一周内可能有好几场比赛；而个人项目可能连续数周进行比赛（表7-2）。如果每周一次比赛，则每周要有1—2天的休息和恢复的时间。其中力量和爆发力训练，一般安排在小周期的中间几天。

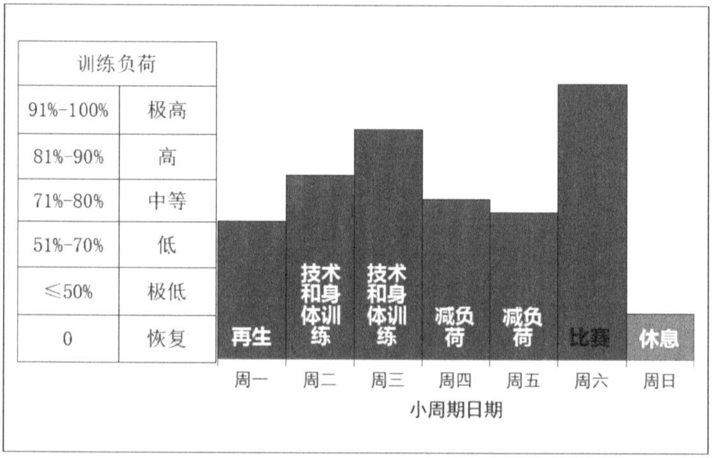

表7–2　每周一次比赛的小周期

当对手没那么强大或比赛不那么重要时，教练可以对基本的比赛小周期进行适当的调整。这样的比赛对身体的要求不高，后续由比赛而产生的疲劳也低于常规比赛。在此情况下，教练可以把设置在周一的恢复时间更改为额外的技术或战术训练课。另外，也可以在这种不重要的比赛前仅安排一天减负荷训练。

通过这种调整，教练可以额外利用4个训练日，在这4天中至少可以安排一个高负荷训练日。尽管在没有比赛的小周期期间，这些训练的负荷相对小一些，但是教练也要安排保持身体能力的训练。训练的重点应该在保持专项主要的身体运动能力方面。

当运动员在单个小周期中有多个比赛（表7–3）时，教练可以在周一安排低负荷短时再生训练课：在周二（第二次训练课）安排战术训练，目标是为周三比赛做准备；周四则再次安排再生训练课；周五是本小周期唯一的高负荷训练课。力量和爆发力训练建议安排在周五，但是总负荷为中低水平。练习的数量必须少（2—4个），训练的目标肌群为主要运动肌。为了能够在周日的比赛中有较高的运动表现，周六可以安排减负荷训练。

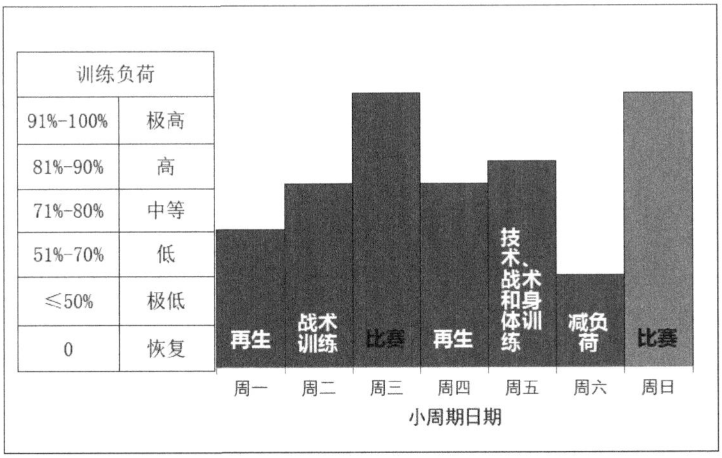

表7-3　一周双赛的集体性项目比赛的小周期

假如小周期中有多天赛会制比赛，教练就要安排一些包括积极恢复的再生练习。以低强度进行的恢复活动，有利于促进乳酸清除，抑制中枢神经系统的活动，增加副交感神经系统的活动，降低肌肉酸痛程度。积极恢复要包含一些不会显著影响肌糖原含量的低强度训练。比赛会大量消耗糖原储存，因此在下一个比赛到来之前，运动员要积极补充糖原。补充糖原储存的最好方法是在活动后进行，确保在比赛之间能够摄入足够的碳水化合物。每一个比赛日后的早上，都安排了低强度的再生训练，以加速身体的恢复。另外，教练可以在比赛前一天的下午安排低强度的战术训练课。以此方式进行小周期安排，可以为运动员提供最好的恢复，并最大限度地提高运动表现。

3. 恢复－再生小周期

恢复－再生小周期的目标是消除疲劳积累。因此，它可以提升运动员的竞技状态，从而提升运动表现水平。例如，它可以用于集体性项目中的准备期末期和比赛期初期。此类小周期的特征就是训练负荷极低，在这种小周期中，教练可以降低训练强度、减少训练量或两者同时降低/减少。此外，在过渡期也可以使用此类型小周期，在这种小周期中，教练可以安排运动员参加一些与专项训练生理特征相似的，但和日常专项训练不同的活动。

再生小周期是年度计划中不可或缺的部分，在比赛期极其重要。在很多体育项目中的训练比赛期，教练可以安排2个或3个包含一系列比赛的小周期。比赛多会增加运动员的疲劳，为了使运动员能承受大量的心理和生理应激，教练需安排再生和恢复小周期。这个小周期的目的是消除生理和心理疲劳，促进能量基质恢复，并在周期末期使运动员获得超量补偿。

4. 调整状态－减负荷小周期

调整状态－减负荷小周期一般安排在每个中周期的末期，目的是消除疲劳，提升运动员的竞技状态，最终提升专项运动表现。在年度最重要的比赛前，教练通常会连续安排两个减负荷小周期，以促进运动员达到最佳状态。安排此类小周期的方法包括降低周训练量（降低50%或更多）、维持或减少训练强度（减少5%—10%）。减少训练负荷，可以产生引起超量补偿的生理反应。减负荷小周期在提升运动表现水平的同时，又降低了发生过度训练的概率。

第三节　训练计划

训练计划及其训练阶段是优化运动员生理适应水平的重要工具，是提升运动表现水平的先决条件。从一个阶段到另一个阶段的训练要求如果不是渐进的，那么提高运动表现水平也不可能实现。在训练的最后一个月

（恢复期），可调整计划以降低生理和心理压力、消除疲劳、促进再生，以及让运动员为下一阶段的训练做好准备。

训练目标在于促进生理适应，并在特定时间节点（通常是年度主要比赛）实现运动能力的最大化。为了实现这个目标，运动员的生理潜能必须在合适的时间提高，从而确保达到最佳的运动表现水平。运动员的比赛状态取决于技能、运动能力、心理特质、良好的营养摄入、疲劳管理之间的共同作用。实现这些目标的最佳方式是利用合理设计和恰当排序的周期化训练。

训练计划是在控制疲劳的同时为生理和心理适应打好基础。训练计划面临的最大挑战是在年度训练的恰当时机让运动员达到最佳状态。经验不足的运动员将很难为教练提供信息，因此教练需要相对独立地制定训练计划。相反，高水平运动员能为教练制定年度训练目标和结构提供信息。通过让高水平运动员参与训练计划的制定，教练可以塑造一个积极融洽的氛围，在这种氛围中运动员会将参与训练计划制定作为一种自我激励。

训练计划至少要包含3个训练阶段：准备期、比赛期和恢复期。这3个阶段的完成时长取决于所用计划的类型（例如单周期、双周期、三周期和多周期）。无论运动员在年度训练计划中重复了多少次，这些阶段的目标和特征都保持不变。为了在整个年度训练计划中优化运动员的发展水平，以及为了比赛提升训练潜能和准备水平，每个训练阶段都必须有正确的排序、系统的整合和恰当的架构。

一、准备期

准备期可能是年度训练计划中最重要的阶段。这个阶段可以建立身体、技术和心理基础，比赛是否能成功就取决于此。在此阶段因训练量增加而提升的适应能力能够让运动员更好地承受比赛期所增加的训练强度。但是，假如准备期时间不足，运动员在比赛期承受训练的能力就会受到影响，运动表现也很难得到最大程度的提高。准备期有如下目标：

（1）获得并提升一般身体训练能力。

（2）提升专项所需要的身体运动能力。

（3）提升心理素质。

（4）发展、提升并且完善技术。

（5）让运动员熟悉后续阶段要掌握的基本战术策略。

（6）教授运动员专项训练的理论和方法。

（7）建立一个个性化和专项化的营养计划。

准备期持续3—6个月，时间长短取决于气候、体育项目以及所使用的年度计划类型（包括单周期、双周期、三周期和多周期）。对于个人体育项目来说，尤其是有氧耐力型体育项目（如马拉松、铁人三项以及北欧滑雪），其准备期的时间跨度大概是比赛期的两倍；对于团体体育项目来说，准备期的时间比较短，但是也不少于2—3个月，尤其对于年轻运动员。而对于国际级别的运动员来说，因为比赛日程等组织安排上的原因，这个阶段可能只有3—5周。准备期都具有项目特异性，且每个子阶段的训练目标也是不同的（见表7–4）。对于任何体育项目而言，准备期都要分成两个子阶段：一般准备期和专项准备期。对于使用多峰周期计划的国际级运动员而言（例如集体性或持拍类项目），一般准备期非常短。

表 7–4　准备期每个阶段的训练目标

体育项目	主要训练目标	子阶段	
		一般准备期	专项准备期
体操	体能 技术	一般和最大力量 技术要素	专项力量和爆发力、 整套动作的某些动作要素
赛艇	体能	有氧耐力、生理适应 最大力量、肌肉耐力	无氧耐力、有氧耐力、 肌肉耐力
游泳 （800米）	体能	有氧耐力、生理适应 最大力量	有氧耐力、无氧耐力、 肌肉耐力
轮椅冰壶	体能 技术	技术要素、有氧耐力、 一般和最大力量	有氧耐力、 专项力量、 肌肉耐力
集体性项目	技术 战术 体能	技术要素、个人和简单的团队战术、高强度耐力、一般和最大力量	比赛情境中运用技术要素 团队战术、无氧耐力、 爆发力

（一）一般准备期

一般准备期用于提升运动员的承受负荷的能力、一般身体准备技术及水平技术，以及基本的战术能力。此子阶段的重点是建立高水平的身体素质，这能提升运动员在生理和心理上承受训练和比赛要求的能力。无论是哪种体育项目，一个坚实的身体基础是运动员最基本的素质。一般情况下，要建立身体基础需要经过一般和专项练习，而不能仅仅培养专项技能。例如，轮椅冰壶教练可能会用开始的2—3个小周期去提升一般和专项力量，这是为在后续周期中掌握专项技术而必须具备的力量条件。这个原则对其他体育项目同样有效，在这些体育项目中，特定的身体特征会限制技术的提升。身体基础的不足会导致技术能力不能得到提升。因此，一定要确定运动员是否具备充足的支持技术或战术表现水平的身体基础。

此子阶段的计划训练量较高，涵盖了一般和专项练习。此子阶段的目标是提升项目所必需的一般运动能力和心理驱动力（决心、毅力和意志力）。例如，提升有氧耐力是以耐力为主要能力或起主要作用的体育项目的主要目标（如跑步、游泳、赛艇、北欧滑雪和自行车）。对于这些体育项目来说，总训练时间的70%—80%要用于有氧耐力的培养，可通过训练完成的英里数或千米数呈现这个过程。在以力量、爆发力和速度为主要能力的体育项目中，此子阶段会更多关注生理适应和最大力量的提升。增加力量训练的重量或者训练负荷量是提高一般运动能力和产生项目所需的适应的一种途径。

某种程度上，这个过程对于集体性项目的运动员来说有些不同：在提高体能基础的同时，这些运动员必须花费大量的时间去培养战术和技术能力。尽管在训练过程中提升战术和技术是一个重要层面，但是计划中也不能忽视爆发力、耐力、力量和速度的发展，这是因为这些体能基础是保障未来运动能力的基石。

在大多数体育项目中，准备期所使用的训练类型，尤其在一般准备期，对比赛期中运动员的运动能力起到了关键的作用。此子阶段的训练量不足会导致比赛后期运动表现大打折扣、比赛后半程运动表现下降。最后，准备期的25%—33%的训练要分配给此子阶段，而剩余的时间则进行专项准备训练。一般准备期的时长对于初级运动员而言要稍长一点，而对于高水平运动员来说要逐渐减少。集体性项目一般准备期的特征是在小周期训练中首先考虑体能训练。在此阶段，运动员从前一天的训练中恢复时，教练应该把体能训练安排在上午，把技术和战术训练安排在下午。

在一般准备期增加训练量是极为重要的，训练强度尽管重要，但是在准备期其还是属于次要地位的。在此子阶段可以进行强度训练，但是强度训练的训练量不能超过总训练量的40%，尤其对于新手和初级水平的运动员而言。在此子阶段要注重的目标是提升一般运动能力，这一点不容忽视。随着训练强度的增加，疲劳程度也在急剧增加，因此，竞技状态会急剧变差，从而降低运动能力。在此子阶段进行比赛是不可行的，因为运动员的身体会越来越疲劳，这会降低运动能力，增加受伤风险。当运动员在疲惫的状态下训练时，技术能力水平会出现波动，运动员施展专项战术策略的能力将下降。此子阶段的比赛同样也会对运动员的心理状态产生消极影响，并且会减少用于提升体能基础以增强运动能力的时间。

（二）专项准备期

专项准备期也称准备期的第二部分，在这一阶段，训练的重点也将从身体发展转变为与比赛相关的活动。如同一般准备期，专项准备期的目标也是提升运动员的一般运动能力。但是，在此子阶段，训练重点是专项技能。尽管此子阶段的运动量很高，但是重点（所有运动的70%—80%）是进行与专项相关的技术或战术训练。此阶段的末期，训练量开始逐渐减少，训练强度逐渐增加。

对于那些强度很重要的体育项目而言（例如短跑、跳跃和集体性项目），训练量会在此阶段的末期大约降低40%。对技术娴熟度和动作协调性依赖高的体育项目（例如轮椅冰壶、跳水、体操）会采用不同的方法。这些体育项目中，最重要的是运动员要不断完善并提升在比赛阶段取得成功所必需的技术娴熟度。同样，在轮椅冰壶项目中，应该将专项准备期的重点放在专项技术和战术要素的培养和提升上。针对轮椅冰壶所需的主要运动肌肉、动作模式和技术能力进行专项训练可以实现技术和战术的提升。下一步一般力量耐力训练逐渐减少，取而代之的是专项力量耐力的训练安排增多，并且专项力量耐力的训练负荷将逐步增加训练的难度与速度。通过这种方式，将一般准备期形成的体能特征和比赛阶段取得成功所需的技术和战术技能建立联系，才能完成这些运动。最主要的目标是提升技术和战术能力，次要目标是维持一般体能，但是其中只能包含少部分有助于运动员多元化发展的一般性练习。

随着训练向专项训练转换，运动员的相关测试表现和竞技表现也均有一定程度的提高。在此子阶段的后期，比赛可作为一种评价工具，为教练提供运动员比赛准备情况方面的反馈，尤其是技术和战术方面的信息。从这些比赛中搜集的信息可用于调整训练计划，以弥补运动员存在的一些不足。

二、比赛期

比赛期的主要任务是完善所有训练因素，这可以让运动员在主要比赛中获得较好的名次。在比赛期，无论是何种体育项目，都有以下多个目标：

（1）继续提升或保持专项运动能力。

（2）提升心理素质。

（3）完善并巩固技术。

（4）将运动能力提升到最高水平。

（5）消除疲劳并提升竞技状态。

（6）完善技术和战术策略。

（7）获得比赛经验。

（8）保持专项体能。

（9）制定个性化的营养计划。

运动员进入比赛期，保持在准备期形成的身体素质是非常重要的，因为身体素质的提升将支持其他训练因素在比赛期得到提升。可以将90%的训练分配给专项训练，如以技能为载体的体能训练，以及持拍类和集体性项目的战术训练。剩下的10%可以进行非专项或非直接的训练，如积极性休息或以游戏的方式进行训练，这些训练与专项无直接的关系。比赛期的目标是通过专项训练来实现的，专项训练包括技术训练和战术训练。在此过程中可能会进行模拟赛、公开赛或正式比赛。重要的是，训练是专项化的，这样可以刺激运动能力的提高、稳定和保持。在整个比赛期内，训练强度逐渐增加，训练量逐渐减少。

在轮椅冰壶项目中，比赛期每周至少保证一次力量训练，以保持准备期获得的力量和耐力；平衡和灵活性训练仍每天进行，有氧训练每周两次，分别安排有氧基础训练和有氧间歇训练，核心区训练依旧与有氧训练相伴随进行；此时的体能训练旨在保持准备期获得的体能水平。关于专项力量耐力训练，则以冰上专项训练替代。

在整个比赛期内，训练计划的改变可以提升运动员的竞技状态，从而提高运动员的运动表现。训练计划的结构对刺激身体产生这些效果起到了很大的作用，假如计划的结构合理，运动员就能在恰当的时间内优化运动表现。假如运动表现开始变差或停滞不前，那么极有可能是运动量减少幅度过大，导致身体能力下降，或者是训练强度保持在一个过高的水平，身体疲劳掩盖了运动能力的提升。训练和运动表现水平之间的调整就像是以科学为基础的艺术，教练把监测和指导运动员的经历整合在一起，可以指导训练阶段的决策。

比赛期的时长取决于体育项目的年度训练计划类型。时间较长的比赛期（8—10个月）常见于集体性项目，这是因为这些项目的联赛及世界锦标赛的安排需要花费一定的时间。相反，个人类体育项目的运动员在决定他们的比赛日程上有更多的自由，这可以让运动员对比赛期的时间跨度，以及引导运动员进入年度主要比赛的训练结构有更多的选择。无论是何种体育项目，确定比赛期的时间跨度和结构的最重要的因素之一是阶段的开始日期。当设计比赛期的结构以及确定开始日期时，要考虑下列因素：

（1）要达到最高运动表现的比赛数量（从平均数据来看，需要7—10次比赛才能达到最高运动表现）。

（2）不同比赛间的间隔。

（3）比赛的时长。

（4）比赛前的专项准备所需要的时间。

（5）恢复和再生所需要的时间。

安排年度训练计划的比赛期时，需要将这个阶段分成两个子阶段：比赛前期和主要比赛期。

（一）比赛前期

比赛前期通常有一些非官方的比赛，如集体性项目的公开赛。尽管此子阶段是比赛期不可分割的一部分，但是此阶段的目标并不是让运动员达到最高的运动表现水平。教练可以将此子阶段的比赛作为一种训练方式，通过让运动员参加公开赛或非官方比赛为后续比赛做准备。进行公开赛或非官方比赛的主要原因之一是教练能够从中得到关于运动员训练水平和后续比赛准备程度的客观反馈。教练不能因为公开赛和非官方赛而影响既定的训练计划，尤其对于高水平运动员而言更是如此。教练可以从这些比赛中测试运动员是否为主要比赛阶段做好了准备，是否能够在正式比赛中有优异的表现。

（二）主要比赛期

主要比赛期训练的目的是最大限度地提高运动员的能力，并提升其竞技状态，这可以让运动员在主要比赛期间具有更好的运动表现。此子阶段不仅应该为运动员安排负荷小周期，还应该安排再生（减负荷）小周期。负荷小周期每周有10—14次训练课，而减负荷小周期的训练课更少，这样可以让运动员在比赛开始之前减少疲劳并提升竞技状态。此子阶段主要以专项训练和保持专项体能的训练为主。

三、恢复期

经历长时间的训练和紧张的比赛后，运动员生理和心理上的疲劳会出现累积，因此需要用一个恢复期来衔接新的年度训练计划或其他重要比赛（如年度训练计划中的双周期、三周期和多周期）。恢复期对于运动员准备下一个训练周期来说是非常重要的，运动员只有从前一个比赛期中恢复过来后才可以开始新的准备期。假如运动员在没有完全恢复的情况下开始了一个新的准备期，那么运动员在未来比赛周期中的运动表现极有可能会变差，并且受伤风险也会增加。

训练不是此阶段的重点，因此所有的负荷指标都要降低，训练以一般训练为主，如果有技术或战术训练，其训练量也是非常少的。恢复期一般持续2—4周，但是对于年轻运动员来说可增加至6周。正常情况下，恢复期不能超过6周。

恢复期有两种常见的安排。第一种（不正确的）是让运动员在此期间进行完全休息，不进行任何体育活动，也可称为"休赛期"。但是，训练突然中断，不进行任何活动，即使持续时间很短（小于4周），也会出现停训效应。停训将导致运动员丧失前期训练所建立的生理适应。

一些专家发现，训练有素的运动员突然中止训练会产生一种被称为停训综合征（抑或称为放松综合征、运动停止综合征、运动依赖综合征）的现象。无论运动员是主动停训还是由于伤病被动停训，停训带来的负面效果都会出现。停训综合征的症状有多种，包括失眠、焦虑、沮丧、心血管功能的改变和食欲下降。这些症状通常不是病理性症状，在短时间内恢复训练就会消失。假如训练停止时间延长，这些症状会更加明显，这表明运动员已经不能适应运动的突然停止。停训带来的症状存在较大的个体差异。通常来说，停训综合征的症状会在训练停止后的2—3周出现，只是严重程度不同而已。

仅仅降低训练水平也会产生降低生理素质（见表7–5）和运动能力的停训效应。停训效应的反应大小与停训时长有关，小于4周的停训会造成耐力和力量水平的下降。

表7–5　短期和长期停训的影响

停训引起的生理学因素改变	停训特征	短期（小于4周）	长期（大于4周）
心肺	最大摄氧量	↓	↓
	血压	↑	↑
	次最大心率	↑	↑
	恢复心率	↑	↑
	运动中每搏输出量	↓	↓
	耐力	↓	↓
骨骼肌	毛细血管密度	↓	↓
	动静脉氧差	—	↓
	肌纤维类型比例	—	改变
	肌肉质量	—	↓
	力量爆发力	↓	↓

续表

停训引起的生理学因素改变	停训特征	短期（小于4周）	长期（大于4周）
骨骼肌	氧化酶活性	↓	↓
代谢	最大呼吸交换率	↑	↑
	餐后血脂	↑	—
	乳酸阈	↓	↓
	肌糖原水平	↓	↓
	肾上腺素刺激脂解作用	↓	↓
↓=降低，↑=增加，—=无可利用数据			

（源自：HOOPER，S.L，L.T.MACKINNON，and A.HOWARD.Physiological and psychometric variables for monitoring recover during tapering for major competition.Med Sci Sports Exerc 31：1205-1210，1999）

对于轮椅冰壶运动员来说，停训会造成最大有氧能力下降，有氧能力的下降极有可能与心肺系统改变有关，其中包括血量、每搏输出量和最大心率输出量的下降，这些因训练停止而引发的生理变化似乎是逐渐且成比例在发生的，这表明训练有素的耐力型运动员会经历较大的生理素质和运动能力的下降。短期和长期停训同样也会对力量和功能产生极大影响。运动员肌肉力量和爆发力的下降主要原因是肌肉横断面积和肌电活动度的下降。力量和爆发力下降以及生理适应不良的程度取决于停训时长和运动员训练状态等多个因素。肌肉力量在停训的前4周下降得最快（大约下降10%），如果将停训的时间延长至8周会导致运动能力的持续下降。

相比于业余水平的运动员或未训练的人群，训练有素的运动员的运动能力似乎呈现更大速度和幅度的下降。前者在停训2—3周后力量和爆发力水平会保持在一个稳定的状态。而后者如果在恢复期完全停止训练，那么其在前期训练中获得的生理适应很有可能随停训时长延长而出现急剧下降。如果发生这种情况，运动员需要在下一个准备期花费大量的时间去重新获得前期训练已获得的生理适应，这样会限制运动员继续提升的能力。相反，如果运动员在恢复期能够采用积极性休息的方式，那么其将在下一个准备期重获生理适应，并继续提升自身的生理适应和运动能力。

恢复期第二种安排是进行积极性休息，通过这种安排，运动员可以避免出现采用消极性休息所出现的生理功能大幅度下降的问题。积极性休息指的是让运动员参加其他体育项目，或进行自己的专项活动，但仅进行低训练量和低强度的训练。通过这种方法，运动员可以将生理适应丧失程度降至最小，将体能维持在一定的水平。

恢复期在主要比赛结束后立即开始，持续2—4周。在赛后第一周，可以进行积极性或消极性休息。消极性休息可在运动员受伤时使用。如果在此小周期中使用积极性休息，那么训练量和强度需要较大程度地降低，可以使用之前训练中没有使用到的动作模式或活动。在恢复期（4周）的第2个至第4个小周期期间，训练量和强度可以维持在一个较低的水平或稍增加一点。积极性休息所使用的运动必须符合所在体育项目的生物能量学特征。例如，轮椅冰壶运动员可以利用射击或射箭作为过渡性运动，而排球运动员可以进行篮球训练。在恢复期，运动员要尽可能少地降低体能消耗水平，同时恢复身体和心理。

有氧运动能力的影响”一文的述评[J]. 体育科研，2012，33（6）：36.

[24]周伟. 大运动量训练后吸高压氧的临床观察[J]. 中国体育科技，1985（16）：13.

[25]彭莉. 高压氧与运动（综述）[J]. 中国体育科技，2002（4）：11.

[26]Fairbairn, Huxel Bliven. Incidence of shoulder injury in elite wheelchair athletes differ between sports: A critically appraised topic [J]. Journal of Sport Rehabilitation, 2019, 28（3）: 294–298.

[27]曾理，曾洪林，李治. 高校体能训练理论与训练教学指南[M]. 北京：新华出版社，2018：484.

[28]袁守龙. 身体运动功能训练基本原理与内容结构研究[J]. 青少年体育，2016（11）：6–8.

[29]姜宏斌. 功能性训练概念辨析与理论架构的研究述评[J]. 体育学刊，2015，22（4）：125–131.

[30]袁守龙. 大学体育与健康[M]. 北京：人民邮电版社，2019：13–17.

[31]王卫星. 高水平运动员体能训练的新方法[M]. 北京：北京体育大学出版社，2013：442.

[32]彭国强，杨国庆. 世界竞技体育强国重点项目奥运备战举措及对我国备战东京奥运会的启示[J]. 体育科学，2020，40（2）：3–14，39.

[33]尹军，袁守龙. 身体运动功能训练[M]. 北京：人民体育出版社，2017.

[34]李孝熠，朱毅，李聪慧. 从“预康复”到“预测性康复”的研究——基于CiteSpace的可视化分析[J]. 中国康复，2021，36（2）：67–71.

[35]闫成龙. 针刺、冷热和牵伸对运动后疲劳消除效果的比较研究[D]. 武汉体育学院，2015.

[36]王润妹，宋成宪，李舜等. PNF技术联合拮抗肌针刺对上肢痉挛

性偏瘫的疗效[J]. 实用医学杂志，2012，28（3）：411–413.

[37]甘晓鹏，陆耀飞，陈正权等. 肌筋膜放松训练对正常人腰部神经肌肉功能影响的研究[J]. 中国康复医学杂志，2019，34（11）：1316–1322，1327.

[38]唐成莉，白定群. 神经肌肉关节促进法在康复治疗中的研究进展[J]. 中国实用神经疾病杂志，2019，22（9）：1040–1044.

[39]李新建，陈南君，杨建宇等. 激痛点缺血性压迫治疗颈肩肌筋膜疼痛综合征疗效观察[J]. 康复学报，2020，30（2）：140–144.

[40]梁兰兰，卞华伟，严思敏等. 运动营养与实践[M]. 四川：四川大学出版社，2017：165.

[41]Smith D J. A framework for understanding the training process leading to elite performance[J]. Sports Medicine, 2003, 3（15）: 1103–1126.

[42]Balyi I, Hamilton A. Long–term athlete development: trainability in childhood and adolescence[J]. Olympic Coach, 1993, 16: 4–9.

[43]Drabik J. Children and sports training.Island Pond, VT: Stadion, 1995.

[44]Faigenbaum A D. Strength training for children and adolescents. Clin Sports Med, 2000, 19: 593–619.

[45]Faigenbaum A D, Westcott W L. Strength and power for young athletes. Champaign, IL: Human Kinetics, 2000.

[46]Burgener M, Faigenbaum A D, Kilgore J L. et al. Roundtable discussion: youth resistance training[J]. Strength and Conditioning Journal, 2003, 25（1）: 49–64.

[47]田麦久. 辩证协同运动训练原则的缘起与确立[J]. 中国体育教练员，2019，27（2）：3–8.

[48]曹庆雷，赵广涛. 对国家帆板队体能大周期训练计划的研究[J]. 北

京体育大学学报，2014, 37（8）: 131–134.

[49]余银，胡亦海，高平等. 中国女子皮艇队7周“微缩大周期”训练负荷结构特征分析[J]. 北京体育大学学报，2017, 40（10）: 120–126.

[50]弗拉基米尔·尼古拉耶维奇·普拉托诺夫. 奥林匹克运动员训练的理论与方法[M]. 黄签名，张江南，等译，天津：天津大学出版社，2015.

[51]Platonow V. The basis of modern training process periodization in high-performance athletes for year preparation[J]. Research Yearbook of National University of Ukraine on Physical Education and Sport, Kyiv, Ukraine, 2006, 12（2）: 176–180.

[52]杨鸣，徐校飞，李征等. 中国赛艇队女子四人双桨项目北京奥运周期训练特征研究[J]. 山东体育学院学报，2019, 35（1）: 91–99.

[53]董琦，崔登荣，许滨. 对我国优秀女子蝶泳运动员陆上训练年度安排的研究——以陆滢为例[J]. 北京体育大学学报，2018, 41（11）: 96–102, 115.

[54]聂丹，余进波. 高校田径体能类项群运动员赛前小周期训练计划探讨[J]. 广州体育学院学报，2010, 30（5）: 64–68.

[55]陈为群，黄桥贤. 构建微型训练小周期结构提高运动员的耐比赛能力[J]. 体育学刊，2008, 15（8）: 80–83.

[56]谢慧松. 我国体育院校田径专项训练周期理论特征研究[J]. 成都体育学院学报，2006,（5）: 116–119.

[57]李春雷. 中国国家羽毛球队备战2012伦敦奥运会体能训练设计与实施[J]. 北京体育大学学报，2016, 39（5）: 86–91, 108.

[58]郎峰. 对网球运动员周期训练计划制定的研究[J]. 山东体育科技，2012, 34（1）: 13–16.

[59]钱娅艳，杨伯明，张君. 国家轮椅竞速队备战2008年残奥会训练

计划的研究[J]. 北京体育大学学报，2009，32（10）：138–141.

[60]Tudor O. Bompa, Carlo A. Buzzichelli.周期训练理论与方法[M].曹晓东，黎涌明，杨东汉等译，北京：人民邮电出版社，2019.

[61]王德新，陈峰.拳击训练周期的合理安排[J].武汉体育学院学报，2004，(3)：94–96.